Die wahre Lebensweisheit besteht darin,
im Alltäglichen das Wunderbare zu sehen.

Selig seid ihr

Selig, die gelassenen Geistes sind.
Selig, die sich von Besitztum nicht besitzen
lassen,
denn sie werden frei sein.
Selig, die ihres Schmerzes eingedenk sind
und aus ihrem Schmerz ihre Freude erwarten.
Selig, die nach Wahrheit und Schönheit
hungern,
denn ihr Hunger wird ihnen Brot bringen
und ihr Durst kühles Wasser.
Selig die Freundlichen,
denn sie werden von ihrer eigenen
Freundlichkeit getröstet.
Selig die Herzensreinen,
denn sie werden mit Gott eins sein.
Selig die Barmherzigen,
denn Barmherzigkeit wird auch ihr Los sein.

*Khalil Gibran*

# Die wahre *Lebensweisheit* besteht darin, im Alltäglichen das *Wunderbare* zu sehen.

Gedanken & Geschichten
zur Gelassenheit

**benno**

# Inhaltsverzeichnis

## Nimm dir Zeit für Gelassenheit

## Nimm dir Zeit zum Innehalten

## Von Dankbarkeit und Glück

## Begegnungen schenken Hoffnung

Nimm dir Zeit

für Gelassenheit

# Zwanzig Liter Geduld

Es ist noch nicht lange her, da fuhr ich, ehe ich meine Reise antrat, zur Tankstelle. Alle Zapfstellen waren besetzt, und obwohl die Tankwarte sich Mühe gaben, hatte sich bis auf die Straße hinaus eine doppelte Autoschlange gebildet. Ich reihte mich ein, warf einen Blick auf die sechs oder sieben Wagen vor mir, dann auf die Uhr und machte mich auf eine längere Wartezeit gefasst. Während ich vor mich hin schimpfte, fiel mein Blick auf den Wagen, der neben mir stand und der, ebenso wie ich, schrittweise, das heißt: unerträglich langsam der Zapfstelle entgegen rollte. Am Steuer saß ein Mann, der, wie mir schien, viel Zeit hatte. Er lehnte am Fenster, und sooft die Motoren leiser brummten, hörte ich, dass er sang. Das Gesicht dieses Mannes wäre jedem anderen ebenso aufgefallen wie mir; ich musste an mich halten, als der Mann den Kopf drehte und herübersah.

Die Haut auf Stirn und Wangen war mit Brandnarben bedeckt, die Nase flach, wie eingedrückt. Dabei winkte der Mann mir zu und zeigte über sich in die Luft. Er hatte dort einen Raubvogel entdeckt, der über uns kreiste. Es ist wahr, der Vogel sah großartig, fast entrückt aus, wie er, kaum die Schwingen rührend, seine Kreise zog. Der Mann am Steuer nickte mir zu, als habe er den Vogel extra für mich fliegen lassen. Dann wieder schienen ihn die Bäume, die hinter der Tankstelle aufragten, zu interessieren. Schöne Bäume, gewiss, mit leicht flirrenden Blättern – aber was sollte das jetzt? Oder die Spatzen, die über uns in der Dachrinne lärmten?

Der narbige Mann neben mir lachte. Dann sang er wieder. Dann rollte er, wie ich, zentimeterweise nach vorn. Dann waren wir beide fast gleichzeitig an der Reihe.

Der Tankwart fragte: „Was darf's sein?"

Der Mann antwortete: „Zwanzig Liter Geduld, bitte. Und lassen Sie Zorn ab. Und wischen Sie die Hetze vom Blech." – Ich hörte genau, dass er dieses und nichts anderes sagte. Der Tankwart stutzte, blickte in das Gesicht des Mannes, der verschmitzt lächelte. Dann lächelte der Tankwart auch. Seine Bewegungen wurden langsamer, er nickte, öffnete den Verschluss, setzte den Zapfhahn ein und begann, während er die Skala beobachtete, zu pfeifen.

Der Mann übrigens, nachdem er bezahlt und sich wieder ans Steuer gesetzt hatte, nickte mir noch einmal zu. Er wusste, dass ich seine Worte gehört hatte. Ich wollte ihn fragen, wie er zu solch ernsthaften Späßen käme, unterließ es aber, als ich sein zernarbtes und trotzdem lächelndes Gesicht sah.

Seitdem blicke ich mich jedes Mal um, wenn ich in einer Autoschlange stecke oder wenn ich sonst zu warten gezwungen bin und gerade anfangen will zu lamentieren. Es ist mir dann, als wäre er dicht neben mir, der Mann mit den Narben, der sang und der Geduld tanken wollte.

Er begegnet mir jetzt öfter.

*Rudolf Otto Wiemer*

9

## Ganz einfach

Ein Mann fahrt zu 'nem Blitzbesuch
zu seinem Vater auf das Dorf.
Der Alte füttert grade Katzen.
Der Mann sagt: „Tag! Ich bleib' nicht lang,
hab eigentlich gar keine Zeit.
Ich weiß nicht mehr, wo mir der Kopf steht!

Ich hetz mich ab und schaffe nichts.
Ich bin nur noch ein Nervenwrack.
Woher nimmst du nur deine Ruhe?"
Der Alte kratzt sein linkes Ohr
und sagt: „Mein Lieber, hör gut hin,
ich mach es so, es ist ganz einfach:

Wenn ich schlafe, schlafe ich.
Wenn ich aufsteh', steh' ich auf.
Wenn ich gehe, gehe ich.
Wenn ich esse, ess' ich.

Wenn ich schaffe, schaffe ich.
Wenn ich plane, plane ich.
Wenn ich spreche, spreche ich.
Wenn ich höre, hör' ich."

Der Mann sagt: „Was soll dieser Quatsch?
Das alles mache ich doch auch,
und trotzdem find' ich keine Ruhe."
Der Alte kratzt sein linkes Ohr
und sagt: „Mein Lieber, hör' gut hin,
du machst es alles etwas anders:

Wenn du schläfst, stehst du schon auf.
Wenn du aufstehst, gehst du schon.
Wenn du gehst, isst du schon,
Wenn du isst, dann schaffst du.

Wenn du schaffst, dann planst du schon.
Wenn du planst, dann sprichst du schon.
Wenn du sprichst, dann hörst du schon.
Wenn du hörst, dann schläfst du.

Wenn ich schlafe, schlafe ich.
Wenn ich aufsteh', steh' ich auf.
Wenn ich gehe, gehe ich.
Wenn ich esse, ess' ich.

Wenn ich schaffe, schaffe ich.
Wenn ich plane, plane ich.
Wenn ich spreche, spreche ich.
Wenn ich höre, hör' ich."

*Gerhard Schöne*

# Das Märchen von den Zeitgutscheinen

Es war einmal ein Mann, der sich durch nichts von seinen Mitmenschen unterschied. Wie die meisten lebte er mehr oder weniger gedankenlos vor sich hin. Eines Tages aber sprach ihn ein Unbekannter an und fragte, ob er „Zeitgutscheine" wolle. Weil der Mann gerade nichts zu tun hatte und ohnehin eine gewisse Langeweile spürte, ließ er sich auf ein Gespräch ein und wollte wissen, was denn diese Zeitgutscheine seien. Statt einer Antwort zog der Unbekannte ein Bündel verschieden großer Scheine hervor, die wie Banknoten und doch ganz anders aussahen: „Deine Lebenszeit", erklärte der geheimnisvolle Fremde kurz. „Wenn du alle Gutscheine investiert hast, ist es Zeit zu sterben."

Bevor der überraschte Mann eine Frage stellen konnte, war der andere verschwunden. Neugierig und erstaunt blätterte der Alleingelassene in dem Bündel. Zuerst kam ihm der Gedanke, die genaue Dauer seines Lebens zu errechnen, und ihn schauderte, als er die Zahl der Jahre und Tage vor sich hatte. Dann begann er eine Einteilung zu überlegen und machte kleine Stöße von Scheinen entsprechend seinen Absichten. Zwar wollte er für Kegelabende und Fernsehen eine große Zahl von Stunden-Scheinen bereitlegen, musste aber zu seinem Bedauern bald feststellen, dass allein durch Essen und Schlafen eine unglaubliche Menge von vornherein gebunden war.

Tagelang war er damit beschäftigt, seine Zuwendungen an Lebenszeit immer neu zusammenzustellen, um sie bestmöglich zu nützen. Jedes Mal, wenn jemand ihn dabei störte oder gar etwas von ihm wollte, sah er im Geiste einen seiner kostbaren Scheine verlorengehen und sagte nein; seine Zeit hatte er nicht zu verschenken!

So wachte er eifersüchtig und geizig über die Gutscheine. Als ihm endlich eine perfekte Widmung der Stunden, Tage und Jahre gelungen zu sein schien, war plötzlich der Unbekannte wieder da: Ob er denn von Sinnen sei, fragte er, nahm einen der Scheine, drehte ihn um und hielt ihn dem erstaunten Mann vor die Augen. Zum ersten Mal entdeckte dieser einen Hinweis auf der Rückseite, dass die Zeitgutscheine in Ewigkeit umgewandelt werden können. Wer sie jedoch nicht in diesem Sinne umsetze, verspiele sein Leben.

Aber da war der Fremde auch schon wieder verschwunden und der Mann neuerlich allein mit einem erregenden Geheimnis – auf welche Weise war der begrenzte Schatz an Zeit in grenzlose Ewigkeit zu verwandeln? …

*Andreas Laun*

# Dinge

Man muss den Dingen
die eigene, stille,
ungestörte Entwicklung lassen,
die tief von innen kommt,
und durch nichts gedrängt
oder beschleunigt werden kann;
alles ist austragen –
und dann
Gebären ...
Reifen wie der Baum,
der seine Säfte nicht drängt
und getrost in den Stürmen
des Frühlings steht,
ohne Angst,
dass dahinter kein Sommer
kommen könnte.
Er kommt doch!
Aber er kommt nur zu den Geduldigen,
die da sind,
als ob die Ewigkeit vor ihnen läge,
so sorglos still und weit ...
Man muss Geduld haben,
gegen das Ungelöste im Herzen,
und versuchen,
die Fragen selber lieb zu haben,
wie verschlossene Stuben,

und wie Bücher,
die in einer sehr fremden Sprache
geschrieben sind.
Es handelt sich darum, alles zu leben.
Wenn man die Fragen lebt,
lebt man vielleicht allmählich,
ohne es zu merken,
eines fremden Tages
in die Antwort hinein.

*Rainer Maria Rilke*

# Anekdote zur Senkung der Arbeitsmoral

In einem Hafen an der westlichen Küste Europas liegt ein ärmlich gekleideter Mann in seinem Fischerboot und döst. Ein schick angezogener Tourist legt eben einen neuen Farbfilm in seinen Fotoapparat, um das idyllische Bild zu fotografieren: blauer Himmel, grüne See mit friedlichen, schneeweißen Wellenkämmen, schwarzes Boot, rote Fischermütze. Klick. Noch einmal: klick, und da aller guten Dinge drei sind und sicher sicher ist, ein drittes Mal: klick.

Das spröde, fast feindselige Geräusch weckt den dösenden Fischer, der sich schläfrig aufrichtet, schläfrig nach seiner Zigarettenschachtel angelt; aber bevor er das Gesuchte gefunden, hat ihm der eifrige Tourist schon eine Schachtel vor die Nase gehalten, ihm die Zigarette nicht gerade in den Mund gesteckt, aber in die Hand gelegt, und ein viertes Klick, das des Feuerzeuges, schließt die eilfertige Höflichkeit ab. Durch jenes kaum messbare, nie nachweisbare Zuviel an flinker Höflichkeit ist eine gereizte Verlegenheit entstanden, die der Tourist – der Landessprache mächtig – durch ein Gespräch zu überbrücken versucht.

„Sie werden heute einen guten Fang machen."

Kopfschütteln des Fischers.

„Aber man hat mir gesagt, dass das Wetter günstig ist."

Kopfnicken des Fischers.

„Sie werden also nicht rausfahren?"

Kopfschütteln des Fischers, steigende Nervosität des Touristen. Gewiss liegt ihm das Wohl des ärmlich gekleideten Menschen am Herzen, nagt an ihm die Trauer über die verpasste Gelegenheit. „Oh, Sie fühlen sich nicht wohl?"

Endlich geht der Fischer von der Zeichensprache zum wahrhaft gesprochenen Wort über. „Ich fühle mich großartig", sagt er. „Ich habe mich nie besser gefühlt." Er steht auf, reckt sich, als wollte er demonstrieren, wie athletisch er gebaut ist. „Ich fühle mich fantastisch." Der Gesichtsausdruck des Touristen wird immer unglücklicher, er kann die Frage nicht mehr unterdrücken, die ihm sozusagen das Herz zu sprengen droht: „Aber warum fahren Sie dann nicht raus?"

Die Antwort kommt prompt und knapp. „Weil ich heute Morgen schon rausgefahren bin." „War der Fang gut?"

„Er war so gut, dass ich nicht noch einmal rauszufahren brauche, ich habe vier Hummer in meinen Körben gehabt, fast zwei Dutzend Makrelen gefangen ..."

Der Fischer, endlich erwacht, taut jetzt auf und klopft dem Touristen beruhigend auf die Schultern. Dessen besorgter Gesichtsausdruck erscheint ihm als ein Ausdruck zwar unangebrachter, doch rührender Kümmernis.

„Ich habe sogar für morgen und übermorgen genug", sagt er, um des Fremden Seele zu erleichtern. „Rauchen Sie eine von meinen?"

„Ja, danke." Zigaretten werden in die Münder gesteckt,

ein fünftes Klick, der Fremde setzt sich kopfschüttelnd auf den Bootsrand, legt die Kamera aus der Hand, denn er braucht jetzt beide Hände, um seiner Rede Nachdruck zu verleihen.

„Ich will mich ja nicht in Ihre persönlichen Angelegenheiten mischen", sagt er, „aber stellen Sie sich mal vor, Sie führen heute ein zweites, ein drittes, vielleicht sogar ein viertes Mal raus und Sie würden drei, vier, fünf, vielleicht gar zehn Dutzend Makrelen fangen – stellen Sie sich das mal vor." Der Fischer nickt. „Sie würden", fährt der Tourist fort, „nicht nur heute, sondern morgen, übermorgen, ja, an jedem günstigen Tag zwei-, dreimal, vielleicht viermal rausfahren – wissen Sie, was geschehen würde?"

Der Fischer schüttelt den Kopf.

„Sie würden sich spätestens in einem Jahr einen Motor kaufen können, in zwei Jahren ein zweites Boot, in drei oder vier Jahren vielleicht einen kleinen Kutter haben, mit zwei Booten und dem Kutter würden Sie natürlich viel mehr fangen – eines Tages würden Sie zwei Kutter haben, Sie würden ...", die Begeisterung verschlägt ihm für ein paar Augenblicke die Stimme. „Sie würden ein kleines Kühlhaus bauen, vielleicht eine Räucherei, später eine Marinadenfabrik, mit einem eigenen Hubschrauber rundfliegen, die Fischschwärme ausmachen und Ihren Kuttern per Funk Anweisungen geben. Sie könnten die Lachsrechte erwerben, ein Fischrestaurant eröffnen, den Hummer ohne Zwischenhändler direkt nach Paris exportieren – und dann ...", wieder verschlägt die Begeisterung dem Fremden die Sprache.

Kopfschüttelnd, im tiefsten Herzen betrübt, seiner Urlaubsfreude schon fast verlustig, blickt er auf die friedlich hereinrollende Flut, in der die ungefangenen Fische munter springen.

„Und dann", sagt er, aber wieder verschlägt ihm die Erregung die Sprache.

Der Fischer klopft ihm auf den Rücken, wie einem Kind, das sich verschluckt hat. „Was dann?", fragt er leise.

„Dann", sagt der Fremde mit stiller Begeisterung, „dann könnten Sie beruhigt hier im Hafen sitzen, in der Sonne dösen – und auf das herrliche Meer blicken."

„Aber das tu' ich ja schon jetzt", sagt der Fischer, „ich sitze beruhigt am Hafen und döse, nur Ihr Klicken hat mich dabei gestört."

Tatsächlich zog der solcherlei belehrte Tourist nachdenklich von dannen, denn früher hatte er auch einmal geglaubt, er arbeite, um eines Tages einmal nicht mehr arbeiten zu müssen, und es blieb keine Spur von Mitleid mit dem ärmlich gekleideten Fischer in ihm zurück, nur ein wenig Neid.

*Heinrich Böll*

# Geh deinen Weg ...

Geh deinen Weg gelassen und ruhig
inmitten des Lärms und der Hast dieser Zeit
und erinnere dich,
welcher Frieden in der Stille liegt.

Erfreue dich an deinen Leistungen
ebenso wie an deinen Plänen.

Halte die Begeisterung für deinen
eigenen Beruf wach,
so bescheiden er auch sein mag;
er ist ein wahrer Besitz
in den Wechselfällen der Zeit.

Übe Vorsicht in deinen Geschäften;
denn die Welt ist voller Tricks und Kniffe.
Aber werde nicht blind für das,
was dir an Tugend begegnet;
viele Menschen streben nach hohen Idealen;
und überall ist das Leben
voll stillen Heldentums.

Sei du selbst.
Besonders heuchle keine Zuneigung.

Äußere dich nicht geringschätzig
über die Liebe;
denn angesichts aller Dürre
und Ernüchterung
ist sie beständig wie das Gras.

Nimm den Rat der Jahre freundlich an,
indem du anmutig abtrittst,
was dich in der Jugend umgab.
Daher lebe in Frieden mit Gott,
wie immer du ihn dir vorstellst
und wie auch immer deine Mühen
und Erwartungen sein werden
in der lärmenden Verwirrung des Lebens,
halte Frieden mit deiner Seele.

*Aus der Lebensregel von Baltimore, 1692*

# Ich wünsche dir Zeit

Ich wünsche dir nicht alle möglichen Gaben.
Ich wünsche dir nur, was die meisten nicht
haben:
Ich wünsche dir Zeit, dich zu freun und zu lachen,
und wenn du sie nützt, kannst du etwas
draus machen.

Ich wünsche dir Zeit für dein Tun und dein
Denken nicht nur für dich selbst, sondern
auch zum Verschenken. Ich wünsche dir Zeit
– nicht zum Hasten und Rennen, sondern die
Zeit zum Zufriedenseinkönnen.

Ich wünsche dir Zeit – nicht nur so zum Vertreiben.
Ich wünsche, sie möge dir übrig bleiben als
Zeit für das Staunen und Zeit für Vertraun,
anstatt nach der Zeit auf der Uhr nur zu
schaun.

Ich wünsche dir Zeit, nach den Sternen zu
greifen, und Zeit, um zu wachsen, das heißt,
um zu reifen.
Ich wünsche dir Zeit, neu zu hoffen, zu lieben.
Es hat keinen Sinn, diese Zeit zu verschieben.

Ich wünsche dir Zeit, zu dir selber zu finden,
jeden Tag, jede Stunde als Glück zu empfinden.
Ich wünsche dir Zeit, auch um Schuld zu vergeben.
Ich wünsche dir: Zeit zu haben zum Leben!

*Elli Michler*

# Der Sprung im Krug

Es war einmal eine alte chinesische Frau. Sie trug eine große Stange über ihren Schultern, an deren Enden zwei große Krüge hingen. Einer der Krüge hatte einen Sprung, während der andere makellos war und stets eine volle Portion Wasser fasste. So war am Ende der langen Wanderung vom Fluss zum Haus der eine Krug immer nur halb voll.

Zwei Jahre lang ging das so: Die alte Frau bekam täglich nur eineinhalb Krüge mit Wasser nach Hause. Der makellose Krug war natürlich sehr stolz auf seine Leistung, aber der andere mit dem Sprung schämte sich wegen seines Mangels und war betrübt, dass er nur die Hälfte dessen verrichten konnte, wofür er gemacht worden war. Nach zwei Jahren, die ihm wie ein endloses Versagen vorkamen, sprach der Krug zu der alten Frau:

„Ich schäme mich so sehr wegen meines Sprunges, aus dem auf dem Weg zu deinem Haus das Wasser läuft."

Die alte Frau lächelte. „Ist dir aufgefallen, dass auf deiner Seite des Weges Blumen blühen, aber auf der des anderen Kruges nicht? Ich habe auf deiner Seite Blumensamen gesät, weil ich mir deines Makels bewusst war. Nun gießt du sie jeden Tag, wenn wir nach Hause laufen. Schon seit zwei Jahren kann ich diese wunderschönen Blumen pflücken und meinen Tisch damit schmücken. Wenn du nicht genau so wärst, wie du bist, würde diese Schönheit nicht existieren und unser Haus beehren."

Jeder von uns hat seine ganz eigenen Mängel und Fehler, aber es sind die Risse und Sprünge, die unser Leben so interessant und lohnenswert machen.

*Marie Luise Prean-Bruni*

# Dekalog der Gelassenheit

**1**

Heute, nur heute
werde ich mich bemühen,
den Tag zu leben, ohne die Probleme
meines Lebens auf einmal lösen zu wollen.

**2**

Heute, nur heute
werde ich auf ein zurückhaltendes Auftreten
achten:
Ich werde niemanden kritisieren,
ich werde nicht danach streben,
die anderen zu korrigieren oder zu verbessern
– nur mich selbst.

**3**

Heute, nur heute
werde ich in der Gewissheit glücklich sein,
dass ich für das Glück geschaffen bin –
nicht nur für die anderen, sondern auch für
diese Welt.

**4**

Heute, nur heute
werde ich mich an die Umstände anpassen,
ohne zu verlangen, dass die Umstände
sich meinen Wünschen anpassen.

## 5

Heute, nur heute
werde ich zehn Minuten meiner Zeit
einer guten Lektüre widmen;
wie die Nahrung für das leibliche Leben
notwendig ist,
so ist die gute Lektüre notwendig
für das Leben der Seele.

## 6

Heute, nur heute
werde ich eine gute Tat vollbringen,
und ich werde es niemandem erzählen.

## 7

Heute, nur heute
werde ich etwas tun, wozu ich eigentlich
keine Lust habe;
sollte ich es als eine Zumutung empfinden,
werde ich dafür sorgen,
dass niemand es merkt.

## 8

Heute, nur heute
werde ich ein genaues Tagesprogramm
aufstellen.
Vielleicht halte ich mich nicht genau daran,
aber ich werde es aufsetzen.
Und ich werde mich vor zwei Übeln hüten:
vor der Hetze und vor der Unentschlossenheit.

**9**

Heute, nur heute
werde ich fest daran glauben –
selbst wenn die Umstände mir das Gegenteil
zeigen sollten –,
dass die gütige Vorsehung Gottes sich um
mich kümmert,
als gäbe es sonst niemanden auf der Welt.

**10**

Heute, nur heute
werde ich keine Angst haben.
Ganz besonders werde ich keine Angst haben,
mich an allem zu freuen, was schön ist,
und an die Güte glauben.

*Johannes XXIII.*

# Wichtig nehmen?

Nimm dich nicht so wichtig – das ist der Anfang auf dem Weg in die Freiheit und in das lebendige Leben, den Jesus Christus in seiner Bergpredigt aufzeigt.

Und alles, was wir dagegen sagen, beweist im Grunde nur, dass wir uns noch immer unendlich wichtig nehmen.

Wenn Jesus einen Menschen in die Nachfolge berief, dann sagte er ihm etwa Folgendes:

Ich gebe dir Grund unter deine Füße.

Ich gebe dir Raum zum Leben und zum Atmen.

Ich gebe dir Kräfte. Trau ihnen etwas zu.

Und dann geh hin, ohne Sorge um dich selbst, und lebe und rede und handle als einer, der im Reich Gottes lebt.

*Jörg Zink*

# Lebensgebote

Die besten Dinge im Leben sind die nahesten:
der Atem zwischen deinen Nasenflügeln,
das Licht in deinen Augen,
die Blumen zu deinen Füßen,
die Pflichten in deinen Händen,
der richtige Weg direkt vor dir.
Hasche folglich nicht nach den Sternen;
vollbringe vielmehr die schlichte,
einfache Aufgabe des Lebens,
wie sie sich dir stellt.
Handle mit der Gewissheit,
dass die täglichen Pflichten und das tägliche Brot
das Köstlichste sind, was das Leben zu bieten hat.

*Robert Louis Stevenson*

# Gelassenheit finden

Damit wir uns in der Gelassenheit üben,
schenkt Gott uns oft großartige Pläne,
deren Verwirklichung er jedoch nicht will.
Da müssen wir kühn, mutig und beharrlich
das Werk anfangen und weiterführen,
solange es möglich ist;
dann aber ebenso gelassen und ruhig
in den Ausgang des Unternehmens einwilligen,
so wie es Gott gefällt, ihn uns zu geben.

*Franz von Sales*

# Geduld

Ich möchte Sie bitten, Geduld zu haben gegen alles Ungelöste in Ihrem Herzen und zu versuchen, die Fragen selbst lieb zu haben wie verschlossene Stuben und wie Bücher, die in einer sehr fremden Sprache geschrieben sind. Forschen Sie jetzt nicht nach den Antworten, die Ihnen nicht gegeben werden können, weil Sie sie nicht leben könnten.

Und es handelt sich darum, alles zu leben.

Leben Sie jetzt die Fragen.

Vielleicht leben Sie dann allmählich, ohne es zu merken, eines fernen Tages in die Antwort hinein.

*Rainer Maria Rilke*

Nimm dir Zeit
zum Innehalten

# Zeiten des Innehaltens

Pater Anselm Grün lebt, arbeitet und wirkt seit 1964 in der Benediktinerabtei Münsterschwarzbach. Seit 1977 ist er dort für die wirtschaftliche Führung der Abtei verantwortlich. Ungefähr zu diesem Zeitpunkt veröffentlichte er auch sein erstes Buch. Auf Grund seiner sehr aktiven Autorentätigkeit erschienen bis zum heutigen Zeitpunkt über 300 Bücher, in denen er sich mit Religion und Spiritualität, aber auch einem hohen Maß an Lebenshilfe auseinandersetzt. Pater Anselm ist zudem Referent und spiritueller Berater vieler Hilfesuchender.

*Warum ist es so wichtig, sich hin und wieder zurückzuziehen?*
Die Gefahr ist, dass wir uns von außen zu sehr bestimmen lassen. Sich Zurückziehen bedeutet, mit sich selbst und der eigenen Seele in Berührung zu kommen und zu hinterfragen: Stimmt mein Leben noch? Leb ich an mir vorbei? Werd ich gelebt oder leb ich selbst? Und dazu braucht es einfach Zeiten des Innehaltens.

*Wann ist es Zeit für eine Auszeit?*
Immer dann, wenn man merkt, ich bin unruhig, gereizt oder ich habe keine Lust mehr auf meine Arbeit. Dann ist es auf jeden Fall wichtig, sich Zeit für sich zu nehmen.

*Wie merken Sie, dass Sie Auszeit oder eine Pause brauchen?*

Ich habe, Gott sei Dank, jeden Tag eine Auszeit: Die ersten drei Stunden am Tag sind Schweigezeit. Das tut mir einfach gut. Außerdem höre ich auf meine Gefühle. Wenn ich keine Lust mehr habe, dann brauch ich Zeit für mich. Dann will ich auch niemand anderem mehr etwas geben, sondern muss erst mal für mich selbst sorgen.

*Wie sieht das „für sich selbst sorgen" dann bei Ihnen aus?*

Ich gehe spazieren, lese oder meditiere. Ich meditiere zum Beispiel jeden Morgen zirka 20 Minuten. Ich sitze einfach still, folge meinem Atem und verbinde ihn mit dem Jesusgebet. In das Jesusgebet führe ich meine Gedanken und Gefühle ein und werde dadurch ruhig.

*Wir sollten also regelmäßig eine Auszeit in unseren Alltag einbauen?*

Exerzitien (Anm. d. Red: Zeit, in der man sich intensiv dem Gebet und der Besinnung widmet) sind Auszeiten für eine ganze Woche. Es gibt aber auch tägliche Auszeiten. Das sind Rituale, die ich auch als heilige Zeit bezeichne.

Heilig ist das, was der Welt entzogen ist, worauf die Welt keinen Zugriff hat, wo ich für mich bin und niemand über mich bestimmen kann, auch über meine Sorgen und Probleme nicht. Das kann man täglich machen, zum Beispiel bevor der Tag startet oder zwischendurch in der Mittagspause. Einfach Zeit für sich finden, ohne Termine, und sich fragen: Lebe ich noch selbstbestimmt?

*Ob nun regelmäßige kurze Auszeiten oder eine Woche Pause – müssen wir Auszeit zeitlich begrenzen?*
Es gibt beides: Wenn ich mir einen ganzen Tag gönne und das Gefühl habe, jetzt tue ich gar nichts, dann kann das ruhig den ganzen Tag dauern. Ansonsten ist es schon ganz gut, Auszeiten zu begrenzen. Schon alleine, um nicht das zu vernachlässigen, was zu tun ist. Wenn ich mir zum Beispiel eine Woche Auszeit nehme, dann ist dem ja von vornherein eine Grenze gesetzt. Es ist wichtig, die Auszeit zu schützen und nicht nur nach Lust und Laune zu gehen. Ich kann zwar spüren, jetzt brauche ich Zeit, aber wie lange ich das gestalte, sollte eine bewusste Entscheidung sein.

*Sonst könnten Auszeiten auch negative Folgen haben?*
Ja, wenn man gar keine Lust mehr hat und sich einfach nur gehen lässt. Sich hängen lassen ist keine Auszeit. Die Auszeit ist etwas Bewusstes, in der ich mich spüre und nicht einfach nur herumtrödele.

*Was ist noch wichtig für eine heilsame Auszeit?*
Die Auszeit sollte nicht zugepflastert sein mit Aktivitäten. Es sollte Zeit sein, die uns gut tut. Und das muss jeder für sich herausfinden. Wer gerne alleine spazieren geht, sollte das nicht unbedingt in der Stadt tun, sondern eher im Wald und in der Natur. Wem es dagegen wichtig ist, sich begleiten zu lassen, der kann

eine Auszeit im Kloster nehmen. Und sich dort in Begleitung mit seinen Fragen auseinandersetzen, die ihm wichtig sind.

*Sie sind ein sehr beschäftigter Mensch. Wie schaffen Sie es, für sich Freiräume zu reservieren?*
Für mich gibt es die heiligen Zeiten am Morgen und die Gebetszeiten tagsüber. Am Abend bin ich oft für Vorträge unterwegs. Die Fahrt zurück ist dann für mich wie eine Auszeit, in der ich Bachkantaten oder andere geistliche Musik höre. Auch der Mittagsschlaf ist eine heilige Zeit. Es geht also nicht den ganzen Tag durch, sondern ich lege eine Pause ein, in der ich mich selbst wieder spüre und neu anfangen kann. Das sind so die alltäglichen Zeiten. Ich mache natürlich auch Urlaub und ich habe jedes Jahr eine Woche Exerzitien, die ich mir einfach gönne.

*Der Mittagsschlaf als heilige Auszeit ist doch eine sehr schöne Idee.*
Ja, das ist natürlich schon ein Luxus. Aber wir stehen auch schon um morgens 4:40 Uhr auf. Da ist Mittagsruhe durchaus angebracht. Aber ich bin mir bewusst, dass das viele Menschen nicht machen können, weil sie den ganzen Tag arbeiten müssen.

*Konnten Sie beobachten, dass sich das Bedürfnis nach Ruhe und Auszeit in den letzten Jahrzehnten verändert hat?*

Es ist auf jeden Fall größer geworden. Vor allem bei Menschen, die in einer hohen beruflichen Verantwortung stehen. Und ich erlebe schon, dass diese Menschen sich dann auch ein paar Tage im Kloster gönnen, um Ruhe zu finden und in eine andere Welt einzutauchen. Das gilt auch für Menschen, die kirchlich nicht angebunden sind, sondern die einfach das Gefühl haben: Ich muss was tun für mich.

*Das neue Jahr steht an. Was sind Ihre Tipps für realistische Auszeiten?*

Als Erstes denke ich da an das Wochenende. Der Sonntag ist ja rein traditionell ein heiliger Tag. Und den sollte man nicht vertun, um ihn mit Aktivitäten oder Besuchen voll zu stopfen. Das kann ja alles ganz gut sein. Aber es sollte schon die heilige Zeit bleiben und nicht verplant werden wie ein Wochentag. Auch die Urlaubsplanung gilt es genau zu überdenken: Wann nehme ich Urlaub? Wie lange? Was tut mir dabei gut? Also, nach Möglichkeit ohne Druck, auf Seele und Körper hören statt der Masse zu folgen. Und natürlich das Ziel, ein tägliches Ritual einzubauen, das mir das Gefühl gibt, ich lebe selbst, statt gelebt zu werden. Das ist alles nichts Neues, aber die Erinnerung daran ist immer wieder wichtig: Sich Gutes tun und nicht nur die Erwartungen anderer Menschen erfüllen.

*Anselm Grün*

# Nimm dir Zeit

Nimm dir Zeit, den Himmel zu betrachten.
Suche Gestalten in den Wolken.
Höre das Wehen des Windes
und berühre das kalte Wasser.
Gehe mit leisen, behutsamen Schritten.
Wir sind Eindringlinge,
die von einem unendlichen Universum
nur für kurze Zeit geduldet werden.

*Indianische Weisheit*

# Der Mensch, der in sich selbst ruht, wird von äusseren Dingen nicht beeinflusst

Man sucht Zurückgezogenheit auf dem Lande, am Meeresufer, auf dem Gebirge; und auch du hast die Gewohnheit, nach einem Aufenthaltsorte dieser Art dich lebhaft zu sehnen.

Aber dieses alles verrät im Grunde eine sehr beschränkte Ansicht. Steht es dir ja frei, zu jeder dir beliebigen Stunde dich auf dich selbst zurückzuziehen.

Gibt es ja doch für den Menschen keine geräuschlosere und ungestörtere Zufluchtsstätte als seine eigene Seele, zumal wenn er in sich Eigenschaften trägt, bei deren Betrachtung für ihn also bald eine vollkommen glückliche Stimmung eintritt, eine Stimmung, worunter ich nichts anderes verstehe, als sittliche Wohlordnung. Gönne dir nun immerdar dieses Zurücktreten ins Innere und verjünge so dich selbst!

Kurz aber und einfach seien die Grundsätze, deren bloße Vergegenwärtigung sogleich genügen wird, deine Seele vollständig zu reinigen, allen Unmut aus dir zu entfernen und dich fern von Widerwillen in die Verhältnisse zurückzubegleiten, in welche du wiedereintreten musst. Denn auf was solltest du auch unwillig sein? ‚Auf die Schlechtigkeit der Menschen?‘ Aber sei doch des Grundgesetzes eingedenk, dass die vernünftigen Wesen für einander geboren sind, dass Duldsamkeit ein

Teil der Gerechtigkeit ist, dass die Menschen unvorsätzlich sündigen, und dann wie viel händelsüchtige, argwöhnische, feindselige, gewaltlustige Menschen schon ins Grab gestreckt und zu Asche geworden sind – und setze dann deinem Unmut endlich einmal ein Ziel … beachte es doch, wie schnell alles ins Grab der Vergessenheit sinkt, wie in dieser Zeit ohne Anfang und Ende alles durcheinander gärt, wie nichtig das Lobgetöne ist, wie wandelbar und urteilslos die über uns geformte gute Meinung und wie eng der Raum, von welchem sie begrenzt wird! Ist ja die ganze Erde nur ein Punkt im All, und welch kleiner Winkel auf ihr ist deine Wohnung! Und hier, wie viel sind derer, die dich preisen werden, und von welcher Beschaffenheit sind sie? Denke also doch endlich an den Rückzug in jenes Teilchen deiner selbst, und vor allem zerstreue und überreize dich nicht, sondern bleibe frei und sieh dir die Dinge an als Mann, als Mensch, als Bürger, als sterbliches Wesen! Unter den Wahrheiten aber, welche dir am meisten zur Hand sein müssen, richte vorzüglich auf folgende zwei dein Augenmerk: Einmal, dass die Gegenstände der Sinnenwelt deine Seele nicht berühren, sondern Außendinge sind und unbeweglich bleiben, mithin Störungen deines Seelenfriedens nur aus deiner Einbildung entstehen, und dann, dass alles, was du siehst, gar schnell sich verändert und nicht mehr sein wird. Und von wie vielen Veränderungen bist du selbst schon Augenzeuge gewesen! Erwäge doch ohne Unterlass: Die Welt beruht auf Wechsel, das Leben auf Meinung.

*Mark Aurel*

# Hab Sonne im Herzen

Hab Sonne im Herzen,
ob's stürmt oder schneit,
ob der Himmel voll Wolken,
die Erde voll Streit ...,
hab Sonne im Herzen,
dann komme, was mag:
dann leuchtet voll Licht dir
der dunkelste Tag!

Hab ein Lied auf den Lippen,
mit fröhlichem Klang,
und macht auch des Alltags
Gedränge dich bang ...,
hab ein Lied auf den Lippen,
dann komme, was mag:
das hilft dir verwinden
den einsamsten Tag!

Hab ein Wort auch für andre
in Sorg und in Pein
und sag, was dich selber
so frohgemutet lässt sein:
Hab ein Lied auf den Lippen,
verlier nie den Mut,
hab Sonne im Herzen,
und alles wird gut!

*Cäsar Flaischlen*

# Man muss dem Inneren ...

Man muss dem Inneren die entspannte Ruhe zugestehen, die Zeit im Nichtstun zu verlieren.
Das Einzige, was man in diesem Zustand tun kann, ist dies: Man soll das Innere freilassen von Wahrnehmungen und Gedanken, Meditationen und Erwägungen und sich ausschließlich hingeben an ein liebevolles und friedvolles Innewerden Gottes.

*Johannes vom Kreuz*

# Eine kleine Sonntagspredigt

Vom Sinn und Wesen der Satire

Über dem geläufigen Satze, dass es schwer sei, keine Satire zu schreiben, sollte nicht vergessen werden, dass das Gegenteil, nämlich das Schreiben von Satiren, auch nicht ganz einfach ist. Das schwierigste an der Sache wird immer die Vorausberechnung der Wirkung bleiben. Zwischen dem Satiriker und dem Publikum herrscht seit alters Hochspannung. Sie beruht im Grunde auf einem ebenso einseitigen wie resoluten Missverständnis, das der fingierte Sprecher eines Vierzeilers von mir, eben ein satirischer Schriftsteller, folgendermaßen formuliert:

Ich mag nicht länger drüber schweigen,
weil ihr es immer noch nicht wisst:
Es hat keinen Sinn, mir die Zähne zu zeigen –
Ich bin gar kein Dentist!

Wie gesagt, die Verfasser von Satiren pflegen missverstanden zu werden. Seit sie am Werke sind – und das heißt, seit geschrieben wird –, glauben die Leser und Hörer, diese Autoren würfen ihrer Zeit die Schaufenster aus den gleichen Motiven ein wie die Gassenjungen dem Bäcker. Sie vermuten hinter den Angriffen eine böse, krankhafte Lust und brandmarken sie, wenn sie es vorübergehend zum Reichspropagandaminister bringen, mit dem Participium praesentis

„zersetzend". Solche Leser sind aus Herzensgrund gegen das Zersetzen und Zerstören. Sie sind für das Positive und Aufbauende. Wie aufbauend sie wirken, kann man, falls sie es vorübergehend zum Reichspropagandaminister bringen, später bequem und mit bloßem Auge feststellen.

In der Mittelschule lernt man auf Lateinisch, dass die Welt betrogen werden wolle. In der eigenen Muttersprache lernt man's erst im weiteren Verlauf – aber gelernt wird's auf alle Fälle, in der Schulstunde fehlt keiner. Die umschreibende Redensart, dass die Menschen sich und einander in die Augen Sand streuten, trifft die Sache nicht ganz. Man streut sich auf der Welt keineswegs Sand in die Augen. So plump ist man nicht. Nein, man streut einander Zucker in die Augen. Klaren Zucker, raffinierten Zucker, sehr raffinierten sogar, und wenn auch das nicht hilft, schmeißt man mit Würfelzucker! Der Mensch braucht den süßen Betrug fürs Herz. Er braucht die Phrasen, weich wie Daunenkissen, sonst kann sein Gewissen nicht ruhig schlafen. Als ich vor rund fünfundzwanzig Jahren nach bestem Wissen und Gewissen zu schreiben begann, kamen immer wieder Beschwerdebriefe. Mit immer wieder dem gleichen Inhalt. Wo, wurde resigniert oder auch böse gefragt, wo bleibt denn nun bei Ihnen das Positive? Ich antwortete schließlich mit einem Gedicht und zitiere ein paar Strophen, weil sie zum Thema gehören und heute nicht weniger am Platze sind als damals:

Und immer wieder schickt ihr mir Briefe,
in denen ihr, dick unterstrichen, schreibt:

„Herr Kästner, wo bleibt das Positive?"
Ja, weiß der Teufel, wo das bleibt.

Noch immer räumt ihr dem Guten und Schönen den
leeren Platz überm Sofa ein.
Ihr wollt euch noch immer nicht daran gewöhnen, ge-
scheit und trotzdem tapfer zu sein.
Die Spezies Mensch ging aus dem Leime
und mit ihr Haus und Staat und Welt.
Ihr wünscht, dass ich's hübsch zusammenreime,
und denkt, dass es dann zusammenhält?

Ich will nicht schwindeln. Ich werde nicht schwindeln.
Die Zeit ist schwarz. Ich mach euch nichts weis.
Es gibt genug Lieferanten von Windeln,
und manche liefern zum Selbstkostenpreis ...

Dem Satiriker ist es verhasst, erwachsenen Menschen
Zucker in die Augen und auf die Windeln zu streuen.
Dann schon lieber Pfeffer! Es ist ihm ein Herzensbe-
dürfnis, an den Fehlern, Schwächen und Lastern der
Menschen und ihrer eingetragenen Vereine – also
an der Gesellschaft, dem Staat, den Parteien, der
Kirche, den Armeen, den Berufsverbänden, den Fuß-
ballklubs und so weiter – Kritik zu üben. Ihn plagt die
Leidenschaft, wenn irgend möglich, das Falsche beim
richtigen Namen zu nennen. Seine Methode lautet:
Übertriebene Darstellung negativer Tatsachen mit
mehr oder weniger künstlerischen Mitteln zu einem
mehr oder weniger außerkünstlerischen Zweck. Und
zwar nur im Hinblick auf den Menschen und dessen

Verbände, von der Ein-Ehe bis zum Weltstaat. Andere, anders verursachte Missstände – etwa eine Überschwemmung, eine schlechte Ernte, ein Präriebrand – reizen den Satiriker nicht zum Widerspruch. Es sei denn, er brächte solche Katastrophen mit einem anthropomorph vorgestellten Gott oder einer Mehrzahl vermenschlichter Götter in kausale Zusammenhänge. Der satirische Schriftsteller ist, wie gesagt, nur in den Mitteln eine Art Künstler. Hinsichtlich des Zwecks, den er verfolgt, ist er etwas ganz anderes. Er stellt die Dummheit, die Bosheit, die Trägheit und verwandte Eigenschaften an den Pranger. Er hält den Menschen einen Spiegel, meist einen Zerrspiegel, vor, um sie durch Anschauung zur Einsicht zu bringen. Er begreift schwer, dass man sich über ihn ärgert. Er will ja doch, dass man sich über sich ärgert! Er will, dass man sich schämt. Dass man gescheiter wird. Vernünftiger. Denn er glaubt, zumindest in seinen glücklicheren Stunden, Sokrates und alle folgenden Moralisten und Aufklärer könnten recht behalten: dass nämlich der Mensch durch Einsicht zu bessern sei. Lange bevor die „Umerziehung der Deutschen" aufs Tapet kam, begannen die Satiriker an der „Umerziehung des Menschengeschlechts" zu arbeiten.
Die Satire gehört, von ihrem

Zweck her beurteilt, nicht zur Literatur, sondern in die Pädagogik! Die satirischen Schriftsteller sind Lehrer. Pauker. Fortbildungsschulmeister.

Nur – die Erwachsenen gehören zur Kategorie der Schwererziehbaren. Sie fühlen sich in der Welt ihrer Gemeinheiten, Lügen, Phrasen und längst verstorbenen Konventionen „unheimlich" wohl und nehmen Rettungsversuche außerordentlich übel. Denn sie sind ja längst aus der Schule und wollen endlich ihre unverdiente Ruhe haben. Rüttelt man sie weiter, speien sie Gift und Galle. Da erklären sie dann, gefährlichen Blicks, die Satiriker seien ordinäres Pack, beschmutzten ihr eigenes Nest, glaubten nicht an das Hohe, Edle, Ideale, Nationale, Soziale und die übrigen heiligsten Güter, und eines Tages werde man's ihnen schon heimzahlen! Die Poesie sei zum Vergolden da. Mit dem schönen Schein gelte es, den Feierabend zu tapezieren. Unbequem sei bereits das Leben, die Kunst sei gefälligst bequem!

Es ist ein ziemlich offenes Geheimnis, dass die Satiriker gerade in Deutschland besonders schwer dran sind. Die hiesige Empfindlichkeit grenzt ans Pathologische. Der Weg des satirischen Schriftstellers ist mit Hühneraugen gepflastert. Im Handumdrehen schreien ganze Berufsverbände, Generationen, Geschlechter, Gehaltsklassen, Ministerien, Landsmannschaften, Gesellschaftsschichten, Parteien und Haarfarben auf. Das Wort „Ehre" wird zu oft gebraucht, der Verstand zu wenig und die Selbstironie – nie.

Das wird und kann die Satiriker nicht davon abhalten, ihre Pflicht zu erfüllen. „Sie können nicht schweigen,

weil sie Schulmeister sind", hab ich in einem Vorwort geschrieben, „– und Schulmeister müssen schulmeistern. Ja, und im verstecktesten Winkel ihres Herzens blüht schüchtern und trotz allem Unfug der Welt die törichte, unsinnige Hoffnung, dass die Menschen vielleicht doch ein wenig, ein ganz klein wenig besser werden könnten, wenn man sie oft genug beschimpft, bittet, beleidigt und auslacht. Satiriker sind Idealisten."
Zum Schluss der Predigt sei diesen beklagenswerten Idealisten ein Spruch auf ihren mühseligen Weg mitgegeben:

Vergesst in keinem Falle,
auch dann nicht, wenn vieles misslingt:
Die Gescheiten werden nicht alle!
(So unwahrscheinlich das klingt.)

*Erich Kästner*

49

# Alltagsglück

1. Der Zug läuft ein:
Gleis 7
Die Menschen umarmen sich
Sie heißen sich „Willkommen"
Oder sie nehmen „Abschied"
Sie hoffen auf ein Wiedersehen
Die meisten sehen glücklich aus.

2. Bist du glücklich
Dass du lebst
Oder ist die Welt nicht mehr dein Thema
Wem gibst du die Schuld
Komm
Wir denken nochmal darüber nach
Glück ist keine runde Summe
Wie du weißt
Ist ein Nehmen und ein Geben
Mut gehört dazu und Fantasie
Zuversicht und Gottes Stille
Und ein ganzes Leben.

3. Bleib bei dir
Du hast nur dich'
Dieses Wort habe ich vor langer Zeit
Für mich erfunden
Später kam dann noch Jesus dazu
Und ich merkte

Wie winzig doch mein ‚Wörtchen' war
Wie leblos und ungerecht.
Als ich das für mich herausfand
Von da an war ich glücklich
Und ich weiß
Wo ich hingehöre.

Das Glück ist zu mir gekommen.

4. Ist es nicht ein Lächeln
Ein kleiner Gruß
Eine freundliche Sprache
Die uns aufleuchten lassen
Ein Lächeln
Und der Tag ist gerettet
Ein kleiner Gruß und man grüßt
Freundlich zurück.

Und was man spricht
Klingt wie vom Himmel gesendet
Das ist die Sprache
Die Tonart
Das Melos der Glücklichen
Das sind die Gesänge
Des Friedens und der Freude.

5. Was mach ich
Wenn ich glücklich bin
Und der andere ist es nicht?
Ich lass es ihn nicht merken
Versuch mein Glück
Mit ihm zu teilen.

6. Ich bin durch viele Städte gelaufen
Und habe das Glück gesucht.
Es hat sich gern versteckt
Und mich zum Narren gehalten
Ich war's ja selber schuld.
Zum Glücklichsein
Gehört vor allem dreierlei:
Geduld
G e d u l d
G e d u l d

Zum Glück weitsichtig

Wenn ich mir jetzt eine Brille aufsetze – und Sie mir
freundlichst erlauben, in Ihre Stube hinein, zu Ihnen
zu sprechen, in Ihren eigenen Bereich hineinzuschau-
en, so hat das mit der Brille ja heute eine eigene Be-
wandtnis.
Vor einigen Tagen sah ich, wie ein netter junger Mann
nach Anbruch der Dunkelheit sich eine alles noch
mehr verdunkelnde Sonnenbrille aufsetzte.
– Ein andermal hörte ich, wie jemand zu seinem Nachbarn sagte: Eine rosarote Brille und alles sieht gleich
ganz anders aus. Da habe ich mich gefragt:

Was sieht denn gleich ganz anders aus?

Und wie oft hört man heute, ich habe nicht den richtigen Überblick, ich sehe da nicht mehr klar, ich schaue da nicht mehr hindurch. – Sollten da vielleicht zu viel Sonnenbrillen und zu viel rosarote Brillen mit im Spiel gewesen sein?

Wer immer nur Buttercremetorte isst, weiß eines Tages gar nicht mehr, wie Buttercremetorte schmeckt. Und wer sich eine Sonnenbrille oder eine rosarote Brille aufsetzt, der muss nicht meinen, dass Gott nicht unseren wahren Alltag sieht. ER ist unser Optiker. ER braucht keinen Kneifer und keinen Aussichtsturm. ER ist WEITsichtig und KURZsichtig zugleich. Er sieht uns an und durch uns hindurch. Durch und durch. Für und für.

8. Ich bin bekannt dafür
Dass ich in jeden Kinderwagen gucke
Denn
Da liegt das Glück
Ganz klein und voller Unschuld
Und manchmal lacht das Glück mich an
Und manchmal weint das Glück
Dann lacht es wieder
Das ist ein wundersamer Augenblick.

9. Ich bin ein Küchenmensch
Ich sitze gerne stundenlang am Küchenfenster
Und gucke in die Welt hinein
Dort kann man mich morgens hinsetzen
Und abends wieder abholen
Dann sitze ich immer noch da
Und guck durch die Welt hindurch
Mehr brauche ich nicht
Das reicht mir
Die Küche ist mein Königreich
Mein Glückssitz fürs Alter.

*Hanns Dieter Hüsch*

# Gebrauchsanweisung zum Glücklichsein

Inwendig
die Sonne aufgehen
lassen,
wie sie es immer tut
über allem
was ist
Im Herzwinkel hinten
an der Stille vorbei,
wo wer weiß was
wohnt,
die Sonne aufgehen
lassen
jeden Morgen
und dabei
ein kleines Stückchen
heiler werden.

*Isabella Schneider*

# Lehre mich
## die Kunst der kleinen Schritte!

Ich bitte nicht um Wunder und Visionen, Herr, sondern um die Kraft für den Alltag.
Lehre mich die Kunst der kleinen Schritte! Mach mich findig und erfinderisch, um im täglichen Vielerlei und Allerlei rechtzeitig meine Erkenntnisse und Erfahrungen zu notieren, von denen ich besonders getroffen und betroffen bin. Mach mich griffsicher in der richtigen Zeiteinteilung. Schenke mir das Fingerspitzengefühl, um herauszufinden, was erstrangig und was zweitrangig ist. Lass mich erkennen, dass Träumereien nicht weiterhelfen, weder über die Vergangenheit noch über die Zukunft. Hilf mir, das Nächste so gut wie möglich zu tun und die jetzige Stunde als die wichtigste zu erkennen. Bewahre mich vor dem naiven Glauben, es müsste im Leben alles glatt gehen. Schenke mir die nüchterne Erkenntnis, dass Schwierigkeiten, Niederlagen, Misserfolge und Rückschläge eine selbstverständliche Zugabe zum Leben sind, durch die wir wachsen und reifen.
Gib mir das tägliche Brot für Leib und Seele, eine Geste deiner Liebe, ein freundliches Echo, und hin und wieder das Erlebnis, dass ich gebraucht werde.
Ich weiß, dass sich viele Probleme dadurch lösen, dass man nichts tut. Gib mir, dass ich warten kann.
Ich möchte Dich und die anderen immer aussprechen lassen. Das Wichtigste sagt man nicht selbst, es wird einem gesagt.

Du weißt, wie sehr wir der Freundschaft bedürfen. Gib, dass ich diesem schönsten, schwierigsten, riskantesten und zartesten Geschäft des Lebens gewachsen bin.

Verleihe mir die nötigste Fantasie, im rechten Augenblick ein Päckchen Güte – mit oder ohne Worte – an der richtigen Stelle abzugeben.

Mach aus mir einen Menschen, der einem Schiff im Tiefgang gleicht, um auch die zu erreichen, die unten sind.

Bewahre mich vor der Angst, ich könnte das Leben versäumen. Gib mir nichts, was ich mir wünsche, sondern was ich brauche.

Lehre mich die Kunst der kleinen Schritte!

*Antoine de Saint-Exupéry*

# Gedanken zur Musse

Beschäftigt man sich einmal mit dem Thema der Muße, dann fällt einem auf, wie selten heute von Muße geredet wird. Will dieses besagen, dass sie ebenso wenig gepflegt wie von ihr gesprochen wird? Ja, was ist sie überhaupt? Wenn der Duden die Muße als „freie Zeit" definiert, so ist sicher damit nur die Voraussetzung derselben verdeutlicht. Gewiss ist Muße frei sein von Pflichten. Es ist jedoch umgekehrt nicht jede freie Minute Muße. Damit kommen wir zum ersten Punkt unserer Betrachtung:

Muße ist gestaltete freie Zeit.
Hierbei ist wesentlich, dass die Gestaltung schon im Verhältnis zur Arbeit einsetzt. Wie viele Freiberufliche zum Beispiel können abends mit der Arbeit kein Ende finden und gönnen sich nicht den notwendigen Ausgleich. Das fängt beim Arzt beispielsweise bei der Bereitschaft an, von den vielen täglich zugesandten Publikationen nur die wenigen, wirklich wesentlichen zu lesen. Sicher liegt das Besondere heute fast mehr in dem, was wir unterlassen, als in dem, was wir tun. Wenn uns auch das Neinsagen schwer fällt, ist es doch die einzige Möglichkeit, zu einem echten Ja zu kommen. Gestaltung heißt also bewusster Verzicht auf vieles Aktuelle zugunsten dessen, das sich nicht so vordergründig aufdrängt. In der Hetze kann nicht unterschieden werden, was wichtig und was unwichtig

ist. Man sieht alles nur in schwarz und weiß, erledigt die Arbeit, weil sie getan werden muss, und tut sie ganz unpersönlich. Die eigene Note und die Freude an der Arbeit gehen in dieser Überanspannung verloren. Gestaltung bedeutet also, dem Leben den einen eigenen Stempel aufzudrücken und sich nicht von den Umständen oder einem sogenannten schlechten Gewissen (zum Beispiel „das muss man gelesen haben") beherrschen zu lassen. Wie die freie Zeit nun im Einzelnen ausgefüllt wird, ist bei jedem verschieden und soll ja gerade persönlich sein. Der eine wird seinem Hobby nachgehen, der andere Sport treiben, und so könnte man fortfahren. Gestalten heißt ja nicht Planen. Die innere Linie in dem, was man unternimmt, ist entscheidend und weniger, was geleistet wird. Die Muße soll ja gerade in einem echten Gegensatz zur Arbeit stehen. Da jede Arbeit eine Anspannung ist, gilt von der Muße, dass sie Entspannung bringen soll.

Diesen Tatbestand finden wir auch sprachlich bestätigt, da im Lateinischen zum Beispiel Arbeit „negotium = Nicht-Muße" heißt. Hier muss aber gleich einem Missverständnis vorgebeugt werden. Entspannen erfolgt nicht unbedingt dadurch, dass ich nichts tue, sondern dadurch, dass es zu einem Ausgleich kommt. Wer körperlich arbeitet, wird durch Tanz oder Spaziergang kaum entspannen können, genau wie der geistig Arbeitende im zusätzlichen Abendstudium nicht ohne Weiteres den nötigen Ausgleich findet. Doch ist wohl noch feiner zu differenzieren: nicht jede körperliche Betätigung bedeutet für den geistig Arbeitenden einen Ausgleich. Das Laufen zur Straßenbahn hat eine andere Wertigkeit als der Spaziergang im Wald oder im Park. In der Medizin finden wir die Tatsache, dass körperliche Ruhe nicht jedem Entspannung bedeutet, zum Beispiel in den sogenannten Entspannungsübungen der Psychotherapie bestätigt. Für motorische lebhafte Menschen sind sie völlig ungeeignet und steigern nur die vorhandene Unruhe. Entspannung wird also in einem Zustand zu suchen sein, der eine Distanzierung zur Arbeit ermöglicht, einem Zustand, der keine Vollkonzentration verlangt. Da wir alle heute unter einer vermehrten Anspannung ohne Ausgleich in der Muße leben, kommt es bei weniger belastungsfähigen Menschen vielfach zum sogenannten Nervenzusammenbruch.

Muße muss individuell, das heißt persönlich gestaltet werden, das heißt den eigenen Möglichkeiten und Grenzen angepasst werden. Wenn wir auch wissen, dass die Begabungen verschieden verteilt sind und der eine mehr leisten kann als der andere, so reizt doch die Leistung des Nachbarn unseren Ehrgeiz. Die Folge ist dann, dass wir uns auf Gebieten betätigen, die uns gar nicht liegen, während unsere Möglichkeiten nicht zum Zuge kommen. Es ist nur allzu verständlich, dass sich hieraus Unzufriedenheit entwickelt, die sich bis in körperliche Erscheinungen wie Magen- und Gallebeschwerden steigern kann.

Man kann vier Stufen des Freiseins unterscheiden: Ablenkung, Spiel, Gespräch, Stille. Das macht deutlich, dass wir nur schrittweise und manchmal mehr, manchmal weniger in die Muße hineinkommen. Entscheidend ist nun, dass wir bis zur letzten Stufe vordringen und uns nicht mit den ersten zufriedengeben, da jede Stufe für die Lebensgestaltung ihre eigene Bedeutung und ihren besonderen Wert hat. Der eine wird schneller abschalten können als der zweite. Letzterer wird sich also mehr Zeit nehmen müssen, um bis zur vollen Stille zu gelangen und wird äußerlich deswegen weniger „leisten" können. Wesentlich aber ist, dass wir unser persönliches Tempo einzuschlagen lernen. Erfolgt dieses nicht, mag der Betreffende wohl ein guter Maschinist werden, der seine Maschine wartet, aber als Mensch wird er zusehends verkümmern. Unsere Freizeit ist ja nicht als Fortsetzung unserer Arbeit, nur auf einem anderen Gebiet, gedacht, sondern

Muße ist drittens Bereitschaft für das Fremde.
Viele sind so „stur", dass sie nicht abschalten, sondern nur umschalten. Sie erfüllen zu Hause weiter

ihre Zahnradfunktion, nur auf einem anderen Gebiet. Nicht wenige rühmen sich sogar, was sie alles geleistet haben. Sie folgen damit der heute so verbreiteten Anschauung und verachten jeden Müßiggang. Von daher ist dann ein Gebet wie das des indischen Theologiestudenten Martin befremdlich: „Herr, ich möchte faul sein." Und doch ist nur so die Begegnung mit dem bisher Unbekannten möglich. Das Neue, das Andersartige kann nur in der Entspannung, im „dösenden Fantasieren" erkannt werden. Damit soll gesagt sein, dass wir die Erlebnisse nicht in unser übliches Schubfach einordnen, sondern neue Seiten und Perspektiven kennenlernen. Muße ist das Dürfen, Arbeit ist das Müssen. Die Muße schließt den unmittelbaren Zweck aus, der der Arbeit als solcher gerade anhaftet. Während jede Arbeit zielgerichtet auf einen Abschluss zustrebt, wird in der Muße die Vielzahl der Möglichkeiten uns erst erschlossen.

Hierbei drohen jedoch Gefahren, die beachtet werden sollten. Die Muße darf nicht erfahren machen wie die Lektüre einer Illustrierten. Sie soll ja gerade helfen, die Vielfalt der uns begegnenden Einzelgrößen zu ordnen und zu einer Durchdringung und Bewertung derselben zu kommen. Auch kann sie nicht „verplant" werden. Hat man sich einmal vorgenommen, dieses und jenes alles von Samstag früh bis Montag früh zu tun, dann hat man ein festes Arbeitsprogramm und wird nicht tun können, wozu man gerade dann Lust hat.

Muße ist letztlich auch Bekenntnis zum Menschsein. Ich lebe, um zu arbeiten, und arbeite, um zu leben.

Keine der beiden Aussagen ist für sich allein gültig, sondern erst zusammen drücken sie die Wahrheit aus. Von Bedeutung ist ja nicht, dass ich etwas getan habe, sondern was ich wie getan habe. Die Entscheidung darüber wird in der Muße gefällt. Eine mittelalterliche Stadt kann man ja auch nicht am besten erkennen, wenn man unmittelbar vor ihr steht, sondern erst, wenn man sie – etwa vom Berge aus – auf Distanz sieht. Um diese Distanz zu den Dingen unseres Lebens geht es in der Muße. Im Gespräch mit dem Freund, wo es mir nicht darauf ankommt, ihn von meiner Meinung zu überzeugen, sondern gemeinsam etwas zu verstehen, wird in der Verallgemeinerung des speziellen Problems etwas von der Distanzierung deutlich. Wir bemühen uns um das Erkennen und Verstehen des Eigentlichen. Erst hier treten Gesichtspunkte hervor, an die ich alleine nicht gedacht hätte. Wie oft sind unsere Gespräche jedoch nur wechselseitige Monologe.

Lernen wir endlich unser Leben mehr und mehr vor Gottes Angesicht und nicht mit unserer christlichen „Brille" zu sehen, dann beginnt vieles eine andere Bedeutung zu erhalten. Wir müssen dann nicht immer „im Dienst für Christus" sein, wir lernen die Bedeutung des Sonntags und des Urlaubs als besondere Möglichkeiten der Begegnung mit Gott schätzen und entziehen uns der Stille vor dem Herrn nicht durch eine christliche Vielgeschäftigkeit.

Diese Flucht mag viele Ursachen haben. Eine ist sicher, dass wir die unfruchtbare Stille fürchten. Stille ist nämlich nicht immer bereichernd, sondern kann auch fürchterlich öde werden. Dieser Gefahr können wir nur entgegentreten, wenn wir erkennen, dass unser Geist nicht autark ist, sondern immer neu der Anregung von außen bedarf. Auch Christus hat uns nicht befohlen, nur über den Problemen unseres Lebens zu beten, sondern hat uns sein Wort gegeben, von dem her wir lernen sollen. Hat uns dieses Wort als die fremde – und nicht altgewohnte – Botschaft getroffen, dann hat wahrlich Gott zu uns gesprochen. Durch die Muße sind wir auf dieses Hören zubereitet, ja erst dazu fähig gemacht worden. Damit hat sie dann ihre vielleicht wesentlichste Bedeutung erfüllt.

*Heinrich von Knorre*

# Suchen wir die Ruhe unseres Herzens

Suchen wir die Ruhe unseres Herzens nicht draußen! Lasst uns nicht meinen, dass fremde Geduld unserem Laster der Ungeduld abhelfen könnte. Denn wie Gottes Reich in uns ist, so sind auch die Feinde eines jeden Menschen in ihm, sie sind seine eigenen Hausgenossen.

Niemand kann so sehr mein eigener Feind sein wie mein eigenes Herz, das ja wahrhaft mein innerster Mitbewohner ist. Ich kann von einem anderen Menschen, der mir übelwill, nicht verwundet werden, wenn ich nicht mit friedlosem Herzen gegen mich selbst kämpfe.

*Cassian*

# Glück auf Umwegen

Linde ist eine beeindruckende Persönlichkeit. Ich habe sie in einer für sie außerordentlich schwierigen Lebensphase kennengelernt. Durch besondere Umstände war sie eine Zeitlang alleinerziehend. Mit Liebe und Konsequenz lenkte sie die fünf Kinder im Alter von drei bis neun Jahren, darunter ein Zwillingspärchen. Ihren kindlich vertrauensvollen Glauben an den lebendigen Gott zu beobachten war etwas Wunderbares.

Viel Geld hatte sie in dieser problematischen Zeit nicht zur Verfügung. Trotzdem schaffte sie es immer wieder, die Kinder mit einfachen Dingen zu erfreuen.

Einmal gab es ein besonders günstiges Wochenend-Ticket der Bahn. Linde kaufte dieses Ticket und bestieg morgens um 8 Uhr voller Vorfreude mit der quirligen Kinderschar die Bahn. Linde war immer im Gespräch mit ihrem himmlischen Vater. Und so war sie ihm auch an diesem Morgen dankbar, dass sie den Kindern mit ihren geringen Mitteln so eine besondere Freude machen konnte. Fröhlich und voller Erwartung saßen die Kleinen mit ihrem Rucksack auf den Plätzen und die kleinen Münder standen nicht still.

Kurz vor neun Uhr kam eine Kontrolleurin. Arglos öffnete Linde ihre Tasche und zeigte den gekauften Fahrschein vor.

„Ihr Ticket ist erst ab neun Uhr gültig", stellte die Dame mit strenger Miene fest. „Außerdem ist es nicht abgestempelt."

Da Linde zu wenig Erfahrung im Bahnfahren hatte, war sie in gutem Glauben, der Kauf der Fahrkarte berechtigte sie mit ihren Kindern zu diesem Ausflug. Dass sie sich mit dem Sonderfahrschein auch an bestimmte Zeiten halten musste, war ihr nicht bewusst. Da saß die kleine Truppe nun fassungslos und bekümmert. Alle Freude war mit einem Schlag weggewischt. Die Kontrolleurin kannte kein Pardon. Linde war gezwungen, eine saftige Strafe zu zahlen.

Zu allem Überfluss musste sie mit den Kindern aussteigen und ein neues teureres Ticket kaufen. Das mühsam für den Tagesausflug zusammengesparte Geld war damit weg.

Fragend richtete Linde ihren Blick nach oben. Der himmlische Vater kannte doch ihre Situation. Sie machte sich selbst Vorwürfe. Warum hatte sie nicht besser auf den Umgang mit dem Wochenend-Ticket geachtet?

Nun war es zu spät. Der Tag war unerschwinglich teuer geworden. Nein, so machte es nun wirklich keine Freude mehr.

Sie konnte mit den Kindern kein Eis genießen und auch der Besuch im Zoo musste gestrichen werden. Durch ihre Unachtsamkeit hatte sie einen glücklichen Tag verdorben!

Wie begossene Pudel stand die kleine Truppe auf dem Bahnsteig. Trotzdem plauderten die Kinder bald wieder munter drauflos. Anscheinend machten sie dabei auf andere Reisende einen netten Eindruck.

Schließlich kam eine ältere Dame auf sie zu und sprach Linde an. Sie fragte nach dem Woher und Wohin. Bereitwillig gab Linde Auskunft, allerdings ohne von ihrem Missgeschick zu berichten.

Daraufhin erzählte die Dame kurz von sich. Sie war Richterin. Vor einiger Zeit hatte sie sich durch einen besonderen Anlass vorgenommen, jede Woche drei Kinder mit Geld zu beschenken.

„Diesmal sollten es eben fünf sein", meinte sie lachend. Den erstaunten Kindern drückte sie jeweils einen Geldschein in die Hand.

Dann verabschiedete sie sich schnell. Die strahlenden Kinderaugen und ein aus tiefem Herzen kommendes Dankeschön begleiteten die Wohltäterin wie ein warmer Frühlingswind.

Verblüfft stellten die Beschenkten fest, dass es genau die Summe war, die sie durch ihr Missgeschick verloren hatten.

„Gott hat uns nicht vergessen!" Linde konnte nur noch staunen. Ihr Herz war voller Dankbarkeit und dieser Dank floss auch im Gebet nach oben. Auch für ihre Kinder war das ein eindrückliches Erlebnis. Gott gönnt seinen Kindern Gutes, auch wenn dies manchmal über Umwege ankommt.

*Brigitte Hauth*

# Grillengezirpe

An einem schönen Sommerabend erhob ein Grillchen seine Stimme und zirpte laut und anhaltend. Ein kleiner Knabe wurde aufmerksam, horchte ganz entzückt, legte den Finger an den Mund und mahnte einige Erwachsene, die plaudernd dasaßen:
„Seid still, hört zu, hört zu! – Es schlägt eine Nachtigall."
Man lachte ihn aus und er schämte sich tief und bitterlich.
Aber ein alter Mann trat zu ihm und tröstete ihn:
„Lass sie lachen. Ich müsste weinen an dem Tage, an dem du eine Nachtigall singen hören und achselzuckend sagen würdest: ‚Es hat nur eine Grille gezirpt.'"

*Marie von Ebner-Eschenbach*

# Der Sinn des Lebens

Er kommt schon in die Welt, nur Geduld, nur Geduld, er kommt schon in die Welt. Der Sinn, der Sinn des Lebens, ich würde sagen ... Eines Tages, eines lichten Tages ist er da. An einem grünen Montag oder an einem himmelblauen Mittwoch oder aber an einem mattsilbernen Samstag, was sage ich, ein strohgelber Sonntag könnte es auch sein, dann kommt er ...

Wir brauchen gar nicht so nervös mit den Fußspitzen zu wippen, der Sinn des Lebens kommt, sagen wir ... wie eine Libelle an einem dunkelblauen Donnerstag um 14 Uhr, nein? Zu früh? Nun, dann vielleicht gegen 17 Uhr 30, vielleicht aber auch in Gestalt eines alten Bettlers, es kommt ja vieles heute in Gestalt oder in Gestalt eines armen Schusters oder in Gestalt eines weit gefahrenen Kapitäns mit weißem Bart, gleichviel ... oder auch unsichtbar, fällt mir gerade ein, unsichtbar, wie wäre es damit, auf einmal steht es neben dir, pardon, steht er neben dir, der Sinn des Lebens auf Zehenspitzen und gibt uns ein Zeichen, vielleicht fällt eine Sammeltasse aus dem Schrank, zerschellt am Boden ... nein, das glaub ich nicht, das macht er nicht, der Sinn, das wäre ja Leichtsinn, Unsinn, nein der Sinn des Lebens! ... Vielleicht flötet er uns etwas ins Ohr ... wie eine Lerche, spielerisch, tänzerisch, duftig, luftig! Nein! Der Sinn des Lebens, was wollen wir lange um den heißen Brei schleichen, kommt wie ein Löwe, bildlich, er kommt und sagt: „... Sie müssen sich das so vorstellen, meine Damen und Herren." Er kommt aus dem Flur um die Ecke, direkt ins Wohnzimmer und sagt: „Bin ich hier richtig bei Lehmanns?" Da aber vor lauter Angst niemand antwortet, geht er wieder, der Sinn des Lebens in Gestalt eines Löwen. Bildlich. Aber sollte das wirklich schon der Sinn sein, ich kann's nicht ganz glauben. Kehren wir doch noch einmal zur Libelle zurück, die Libelle erscheint, was hatten wir gesagt, an einem dunkelbraunen Donnerstag gegen 17 Uhr 30, die Libelle scheint mir nämlich das typische Sinnbild zu sein, Raubinsekt, jagt andere Insekten im Flug, stürzt sich auf arme Seelen, saugt sie aus und legt den Rest vor die Haustür des Nachbarn, nein, das wollen wir nicht, einen solchen Sinn wollen wir nicht, wir wollen einen anständigen Sinn, einen richtigen Sinn, einen anmutigen, von mir aus auch einen aufopfernden Sinn, also einen richtigen, einen sinnvollen Sinn, so sagt man ja auch immer, das Ganze muss für mich einen Sinn haben oder ich kann das nicht als sehr sinnvoll bezeichnen oder manche stecken ja auch in irgendeiner Sache irgendeinen Sinn hinein, damit eines Tages aus der Sache wieder ein Sinn herauskommt, mal als Tiefsinn, mal als Schwachsinn.

Aber erst muss ja mal der Sinn zu uns kommen, der Sinn des Lebens.

Nur Geduld, nur Geduld, er kommt, der Sinn, er kommt ... ja wann, ja wann, ja das kann ich Ihnen leider nicht sagen ... vielleicht kann ich's Ihnen morgen sagen oder übermorgen oder vielleicht können Sie mir's sagen, morgen oder übermorgen, dann werden wir's alle wissen, ganz bestimmt ...

Nur Geduld, er kommt, der Sinn, entweder in Gestalt eines armen Schusters oder in Gestalt eines weit gefahrenen Kapitäns.

*Hanns Dieter Hüsch*

Von Dankbarkeit
und Glück

# Zufrieden sein

Zufrieden sein
glücklich mit sich selbst
heißt nicht,
über vollgestopftem Bauch
unter leisem Stöhnen
die Hände zu falten
und zu sagen:
Mehr hätte ich nicht geschafft.

Vielleicht schon eher,
über knurrendem Magen
die Hände zu falten
und zu sagen:
Ist zwar nur ein Schmalzbrot,
aber dafür hab ich Appetit.

Sich freuen können
an dem, was man hat,
ohne böse zu sein,
dass es nicht noch mehr ist,
ist ein Stück Zufriedenheit.

Vielleicht ist es schon viel,
wenn alles in unserem Leben
die richtige Dimension besitzt.
Wenn wir nicht unter geringen Schmerzen
schwer leiden –
wenn eben der Stellenwert
der Dinge unseres Lebens stimmt.

Es ist so etwas wie eine Ordnung,
die Schönes schön und Böses bös sein lässt.

Über einen Tag sagen zu können,
es wäre ein guter Tag gewesen,
ist schön.

Über ein Jahr sagen zu können,
es wäre ein gutes Jahr gewesen,
ist herrlich.

Über ein Leben sagen zu können,
es wäre ein gutes Leben gewesen,
bedeutet Glück.

*Peter Paul Kaspar*

# Glück

Heute ist der Tag, um glücklich zu sein!
Kein anderer Tag ist dir gegeben
als der Tag von heute,
um zu leben, um fröhlich und zufrieden zu sein.
Wenn du heute nicht lebst,
hast du den Tag verloren.

Verdüstere deinen Geist nicht
mit Angst und Sorgen von morgen.
Beschwere dein Herz nicht
mit dem ganzen Elend von gestern.
Lebe heute!

An das Gute von gestern magst du getrost denken.
Träume auch von den schönen Dingen,
die morgen kommen mögen.
Aber verliere dich nicht ins Gestern oder ins Morgen.

Gestern: schon vorbei.
Morgen: kommt erst noch.
Heute: der einzige Tag, den du in der Hand hast.
Mach daraus deinen besten Tag!

*Phil Bosmans*

# Grund zu lachen

Humor ist kein Hindernis für Heiligkeit.
Wenn du sonst nichts zum Lachen finden kannst,
so hast du doch immer noch dich selbst.
Dem Nächsten mit Lachen
die Wahrheit sagen,
ist allemal besser,
als ihn mit der Wahrheit erschlagen.
Humor hat viel mit Liebe und Güte zu tun.
Wer die Freudenbotschaft ernst nimmt,
hat Grund zu lachen.

*Bischof Patrick Kelly*

# Die Geschichte vom Gänseblümchen, das das ganze Jahr über blühen wollte.

Die kleinen zarten Gänseblümchen erblühen meist um Ostern herum und schmücken die Wiesen und Gärten, bis in den Herbst hinein. So mancher Rasenmäher fährt beim ersten Schnitt darüber hinweg. Aber wie ein Wunder stehen am nächsten Tag wieder einige von ihnen da.

Eines von diesen Gänseblümchen hatte eine Idee, einen Traum, den es verwirklichen wollte. Es wollte nicht mehr hinnehmen, dass es im Herbst welkte, in den Winterschlaf gehen sollte und dann lange Zeit unter der Erde auf einen neuen Frühling warten musste.

Damit dieser Traum wahr werden konnte, galt es als erstes, dem Rasenmäher zu entkommen. Immer wenn der Motor dieses „großen Grasfressers" erklang, machte es sich nun unsichtbar, indem es sich ganz flach auf die Erde legte und hatte Erfolg damit.

Im Sommer, als es sehr heiß wurde, hatte es Mühe, sich auf den Beinchen zu halten und freute sich, wenn es etwas regnete. Schön war es nachts, wenn es kühler und stiller ringsumher wurde. Dann schließen alle Blumen ihre Blütenaugen und schlafen im Stehen. So, wie die Rosen, deren Duft sie einhüllte. Ach, es war schön, diese Jahreszeit zu erleben, wo alle Blumen ihr schönstes Kleid anzogen und die Bienen und Schmetterlinge an ihnen ihre Freude hatten. Aber alles Schöne geht einmal vorüber und dann kam der stürmische Herbst.

Oh, es kostete viel Kraft, gegen den Wind anzukämpfen und ihre zarten Blütenblätter festzuhalten, die er ihr ganz schön zerzauste. Wenn es dem Gänseblümchen an Kraft mangelte und Erschöpfung drohte, hielt es sich an Grashalmen fest und stellte sich vor – es tanzte mit dem Wind. Es war schwer nicht umzuknicken, denn dies wäre ihr Ende. Aber auch der Herbst ging vorüber und das Gänsblümchen schöpfte neuen Mut. Nur nicht aufgeben, dachte es immer wieder und laut sprach es: „Ich bin tapfer."

Dann aber kam der Winter. „Brrrr", rief es laut, „Brrrr", ist das kalt – bitterkalt. Es schaute umher und sah, die Rosen waren zugeschnitten und fest mit Tannenreisig zugedeckt, da fror es noch mehr.

Der erste Schnee fiel zwar zart, aber er deckte das Gänseblümchen zu. Es war etwas wärmer dadurch unter dem Schnee, aber es war eine schwere Last, die ihm da auf die Schulter gelegt wurde. Teilweise lag es dadurch lang ausgestreckt am Boden. Nicht aufgeben, dachte es immer wieder – bald kommt der Frühling und streckt ihren Rücken durch, um den Schnee abzuschütteln.

Die Sonne hatte Erbarmen, sie wollte dem kleinen zarten Blümchen helfen und schmolz den Schnee. Jetzt konnte das Gänseblümchen wie der aufrecht stehen. Oh, es wird schon etwas wärmer, bemerkte es. Als es aber an sich herunterschaute, bemerkte es, dass es noch dünner geworden war als üblich. Darüber wurde es sehr traurig und nahm sich fest vor, in Zukunft lieber den Spätherbst und Winter tief unter der Erde zu verbringen, so, wie ihre Geschwister auch. Als die ersten Schneeglöckchen den Frühling einläuteten und die farbenprächtigen Krokusse ihre Köpfe aus der Erde reckten, wusste das Gänseblümchen: jetzt war es bald soweit, dann war es ein ganzes Jahr lebendig gewesen. Aber kurz vor dem Ziel verließ es die Kraft. Oh, wie stemmte es sich gegen die Müdigkeit, aber ihre Knie waren zu schwach. Es knickte ein und bevor es sich versah, schlief es tief und fest. Ob es wohl etwas Schönes träumte?

Die rühmliche Tat war nicht umsonst gewesen. Der Versuch, den Traum zu leben, hatte sich gelohnt, es war dadurch um eine Erfahrung reicher geworden und diese konnte ihm keiner mehr nehmen.

Die Schneeglöckchen und Krokusse erzählten den anderen Blumen von der Tapferkeit des Gänseblümchens und von dem Wunder: dass mit ihnen gemeinsam ein Gänseblümchen geblüht hatte. So etwas erlebte man schließlich nur einmal im Leben.

*Maria Trischberger*

# Das kostbare Kräutlein

Zwei Mägde, Anna und Martha, gingen der Stadt zu, und jede trug einen Korb voll Obst auf dem Kopfe. Anna murrte und seufzte beständig; Martha aber lachte und scherzte nur. Anna sagte: „Wie magst du doch lachen? Dein Korb ist ja so schwer wie der meinige, und du bist um nichts stärker als ich." Martha sprach: „Ich habe ein gewisses Kräutlein zur Last gelegt, und so fühle ich sie kaum. Mach es auch so!" „Ei", rief Anna, „das muss ein kostbares Kräutlein sein. Ich möchte mir meine Last auch gern damit erleichtern. Sage mir doch einmal, wie es heißt!"

Martha antwortete: „Das kostbare Kräutlein, das alle Beschwerden leichter macht, heißt: Geduld. Denn leichter trägt, was er trägt, wer Geduld zur Bürde legt."

*Christoph von Schmid*

# Ich lebe mein Leben
## in wachsenden Ringen

Ich lebe mein Leben in wachsenden Ringen,
die sich über die Dinge ziehn.
Ich werde den letzten vielleicht nicht vollbringen,
aber versuchen will ich ihn.

Ich kreise um Gott, um den uralten Turm,
und ich kreise jahrtausendelang;
und ich weiß noch nicht:
bin ich ein Falke, ein Sturm
oder ein großer Gesang.

*Rainer Maria Rilke*

# Dank

Ich danke meinem Gott,
dass er mir
das Glück gegönnt hat,
ihn als Schlüssel
zu unserer wahren Glückseligkeit
kennenzulernen.
Ich lege mich nie zu Bett,
ohne zu bedenken,
dass ich vielleicht
den anderen Tag
nicht mehr sein werde,
und es wird doch
kein Mensch sagen können,
dass ich im Umgang
mürrisch und traurig wäre.
Für die Glückseligkeit
danke ich alle Tage
meinem Schöpfer.

*Wolfgang Amadeus Mozart*

# Lob der Wiese

Im Wiesengrund, wo die Ahornbäume stehen, die langschäftigen Eschen und das grüne Gewölk der Haselstauden, da ist mein Schiff vor Anker gegangen. Auch ich war in der Welt, aber das ist lang vorbei, meine Fahnen flattern nicht mehr in fremden Winden, die farbigen Wimpel der Jugend.

Und dennoch ist mir die Welt nicht kleiner geworden, nein, ich lobe meine Wiese. Sie ist groß und unabsehbar geräumig, wenn ich bäuchlings in ihr liege, und den ganzen hohen Himmel habe ich über mir. Ich sehe Halme vor meinen Augen, die haarigen Schäfte des Günsels, das fadendünne Gespinst der Miere auf dem Moos, und ich kann mir gut denken, wie weitläufig und abenteuerlich das Leben in diesem Wald der Gräser sein mag. Käfer sind unterwegs und mühen sich ab, ganz winzige und auch große in prunkvollen Panzern. Ich kenne sie alle, weil ich nicht weiß, wie sie heißen und weil ich darum ihre Namen nicht verwechseln kann. Sie haben es schwer genug, besonders die großen. Immer einmal rollen sie unversehens auf den Rücken und dann müssen sie wohl ein Jahr ihres Käferlebens daran wenden, wieder auf die Beine zu kommen. Andere sind so winzig klein, dass es gar nicht auszudenken ist, wie denn auch sie ihre sechs Beine mit dreimal sechs Gliederchen haben können. Aber sie sind sich selbst groß genug. Ein Dutzend Mal klettert so ein Käfertier an einem Halm in den Sommerwind hinauf, ein paar Mal hat es die mütterliche Sonne am Himmel gesehen und darüber ist es sehr alt und sehr weise geworden. Zuletzt schwirrt es noch ein Stück über die glockenblaue Wiese, es faltet seine Flügel wieder sorgfältig zusammen und dann stirbt es, das Käferchen.

Nun gibt es aber noch diese Halme selbst, diese vielerlei prächtigen, von der zärtlichen Luft bewegten Gräser. Wenn ich die Augen hebe, sehe ich hoch über mir ihre glänzenden Häupter im weißblauen Himmel schwanken. Auch sie sind der Wissenschaft bekannt, es gibt ihrer unzählige, sagt man, tausend Arten vielleicht, oder noch viel mehr. Aber diesen Halm von mir, dieses feine zitternde Gebilde, den kennt die Wissenschaft nicht. Der ist in der Heimlichkeit geworden, im Frühjahr kam er jung aus der trächtigen Erde, seine krausen Blätter sind ihm zugewachsen, kein anderer Halm in der Welt hat so schön gekräuselte Blätter wie er. Ich habe ihn entdeckt. Einen Namen muss er nicht haben, aber ich möchte wohl einmal seine schimmernde Rispe in die Hand nehmen. Es ist wunderbar still um den Mittag, und ich höre dennoch die hundertfältigen Geräusche des Lebens um mich her, das Knistern und Schwirren im Gras und auch das Rauschen des Blutes in meinem Leibe.

Die Wiese nimmt mich immer auf, die Erde zieht mich an sich, die gute, braune Erde. Gestern lag ich hier und sah die Knospe einer Flockenblume, aber es kam der Abend, ehe sie aufbrach. Heute blüht sie, und blüht, obwohl indessen vielerlei in der Welt geschah, was mir das Herz schwer macht.

Das ist ein Trost für mich. Versteht ihr, so einfältig wird ein Mensch, der in einer Wiese gestrandet ist. Wenn diese Flockenblume jetzt blühen kann, sage ich mir, muss es dann nicht eine geheime Quelle geben, die ihr und mein Leben speist? Ich bin so wahr in mir selbst wie sie, aber ich irre, weil ich die Wahrheit suchen will. Die Wahrheit muss man sein.

Ich will da nicht länger müßig liegen, aber was kann ich tun? Es ist mir nicht leicht gemacht. Ich könnte wohl etwas aufschreiben, diese paar friedlichen Zeilen, für euch, meine Freunde. Es ist ja nichts Großartiges, ihr lächelt darüber, oder ihr ärgert euch daran, – Gras, ach Gott, Kräuter und Käfer! Aber was ist nun eigentlich wichtig in der Welt? Mein Grashalm wächst und trägt Frucht und stirbt ab, im andern Jahr wird da wieder ein Halm wachsen und verblühen, ungesehen, es weiß niemand darum. Und doch hat sein Dasein so gut Platz und Sinn im Ganzen wie meines.

Vor Gott, Freunde, sind wir alle einerlei Gras. Es sei denn, dass er die schönen Halme liebte und die kümmerlichen verwürfe, wie geschrieben steht ...

*Karl Heinrich Waggerl*

# Erfolg heisst

Oft und viel lachen;
die Achtung intelligenter Menschen
und die Zuneigung von Kindern gewinnen;
die Anerkennung aufrichtiger Kritiker verdienen
und den Verrat falscher Freunde ertragen;
Schönheit bewundern;
in anderen das Beste finden;
die Welt ein wenig besser verlassen,
ob durch ein gesundes Kind,
ein Stückchen Garten
oder einen kleinen Beitrag
zur Verbesserung der Gesellschaft.
Wissen, dass wenigstens das Leben
eines anderen Menschen leichter war,
weil du gelebt hast.
Das bedeutet,
nicht umsonst gelebt zu haben.

*Ralph Waldo Emerson*

# Wann kommt das Glück?

Es war einmal ein kleines Dorf. Da wohnten lauter freundliche, fleißige Leute. Sie arbeiteten wie die Bienen, tüchtig und brav. Die Kinder lernten in der Schule alles, was man ihnen beibrachte, und waren bald so tüchtig wie ihre Väter und Mütter. Gute Menschen, dachte Gott. Darum beschloss er, sie zu belohnen, und er versprach, er werde ihnen ein großes Glück schicken.

Vielleicht hätte Gott das nicht sagen sollen. Denn die Leute wurden dadurch noch emsiger, fleißiger und tüchtiger. Jetzt arbeiteten sie mit Verbissenheit. Jeder wollte ja der Größte sein, wenn das Glück im Dorf eintreffen würde.

Noch etwas geschah. An Rande des Dorfes wohnte eine Zigeunerin mit ihren kleinen Kindern. Es war eher ein Stall als eine richtige Wohnung. Man ließ sie gewähren und beachtete sie kaum. Aber nun, da Gott sein Glück verheißen hatte, störten die Lumpen, in denen die Frau und die Kinder gekleidet waren. Weil sie unberührt dem emsigen Treiben im Dorf zusah, beschlossen die Bürger:

Die Zigeuner müssen weg. Noch vor Einbruch der Nacht mussten sie die Wohnung räumen, wurden sie aus dem Dorf gejagt.

„Wann kommt das Glück?", fragten die Dorfbewohner. Jetzt war auch die Antwort da. „Heute Nacht", hieß es. „Heute Nacht sollt ihr wach bleiben. Der erste

Mensch, der euer Dorf betritt, bringt euch das Glück."
Die Dorfbewohner waren ganz aufgeregt. Sie löschten gegen Abend alle Lichter, um besser in die Nacht hinausspähen zu können. Alle Fenster waren besetzt, die Eingänge zum Dorf bewacht.

Lange dauerte die Nacht. Niemand erschien.

Doch, auf einmal bewegte sich etwas von den Feldern her, jemand kam näher. Ein Mensch, einige Menschen, gebückt und leise auftretend. Als sie den Rand des Dorfes erreichten, da begannen plötzlich die Glocken zu läuten, alle Lichter gingen an. Und was sahen die Dorfbewohner? Es war die Zigeunerin mit ihren Kindern. Sie waren zurückgekehrt, um noch etwas von ihrem alten Hausrat zu holen.

„Das ist das Glück?", fragten sich die Dorfbewohner. Aber weil sie in ihrem Kern gut geblieben waren, glaubten sie es und nahmen die Zigeuner wieder auf. Die Kinder spielten mit den Zigeunerkindern; die Großen lernten von der Frau ihre fremden Lieder. Oft saßen sie am Abend zusammen, manchmal an einem Feuer. Die Leute waren nun wieder etwas weniger fleißig. Sie fragten nicht mehr: „Wann kommt das Glück?".
Sie hatten es.

*Unbekannt*

# Glück und Unglück

Eines Tages lief einem Bauern das einzige Pferd fort und kam nicht mehr zurück. Da hatten die Nachbarn Mitleid mit dem Bauern und sagten: „Du Ärmster! Dein Pferd ist weggelaufen – welch ein Unglück!" Der Landmann antwortete: „Wer sagt denn, dass dies ein Unglück ist?"

Und tatsächlich kehrte nach einigen Tagen das Pferd zurück und brachte ein Wildpferd mit. Jetzt sagten die Nachbarn: „Erst läuft dir das Pferd weg – dann bringt es noch ein zweites mit! Was hast du bloß für ein Glück!" Der Bauer schüttelte den Kopf: „Wer weiß, ob das Glück bedeutet?"

Das Wildpferd wurde vom ältesten Sohn des Bauern eingeritten; dabei stürzte er und brach sich ein Bein.

Die Nachbarn eilten herbei und sagten: „Welch ein Unglück!" Aber der Landmann gab zur Antwort: „Wer will wissen, ob das ein Unglück ist?"

Kurz darauf kamen die Soldaten des Königs und zogen alle jungen Männer des Dorfes für den Kriegsdienst ein. Den ältesten Sohn des Bauern ließen sie zurück – mit seinem gebrochenen Bein. Da riefen die Nachbarn: „Was für ein Glück! Dein Sohn wurde nicht eingezogen!"

Glück und Unglück wohnen eng beisammen.

*Christian Morgenstern*

# Glück

Das Glück besteht darin, dass man für andere lebt.
Das Bedürfnis danach ist in den Menschen hineingelegt, also ist es berechtigt.
Sucht man dieses Bedürfnis auf selbstsüchtige Weise zu befriedigen, strebt man nach Reichtum, Ruhm, Wohlleben, Liebe, dann kann es geschehen, dass es äußere Umstände unmöglich machen, diesem Streben genugzutun.
Mithin sind eben diese Wünsche und Bestrebungen unberechtigt, nicht aber das Bedürfnis nach Glück.
Welche Wünsche und Bedürfnisse können demnach zu jeder Zeit und ohne alle Rücksicht auf äußere Umstände befriedigt werden?
Das Bedürfnis nach Liebe zu den anderen, nach Selbstverleugnung!

*Leo Tolstoi*

# Das Wichtigste

Ein Weiser wurde gefragt, welches die wichtigste Stunde sei, die der Mensch erlebt, welches der bedeutendste Mensch, der ihm begegnet, und welches das notwendigste Werk sei. Die Antwort lautet: Die wichtigste Stunde ist immer die Gegenwart, der bedeutendste Mensch immer der, der dir gerade gegenübersteht und das notwendigste Werk ist immer die Liebe.

*Meister Eckhart*

Begegnungen
    schenken Hoffnung

# Hoffen heisst
## in die Zukunft träumen

Wer sich geborgen weiß, erlebt Freude und Liebe

Die Sehnsucht reicht höher als die Sterne
Sie werden es kaum glauben, dieses Wort stammt aus dem Mund der heiligen Mechthild von Magdeburg. Ihr Sehnen ging weit über die Sterne hinaus; ihr (Ver-) Langen reichte bis ins Jenseits.

Wenn wir das Hoffen und Sehnen nicht verlernen, dann öffnen sich uns innere Augen. Dann werden auch wir hellhörig. Dann begreifen wir den Hauch jener Zärtlichkeit, den wir allenthalben in der Schöpfung vernehmen. Dann wachsen der Liebe und der Freude Flügel, die auch dann tragen, wenn kein Wind weht, wenn die Sonne mal nicht scheint; wenn alles trüb und traurig die Flügel hängen lässt; wenn Enttäuschungen und Rückschläge über uns hereinbrechen ...

Liebe Leserin, lieber Leser, ich wünsche Ihnen verheißungsvolle Träume, heilsame Hoffnungen und viel Lebensfreude. Ich wünsche Ihnen – und allen, die gut zu ihnen sind
– den Segen dessen, der weit über allen Sternen thront und dessen Liebe letztlich allein unsere Sehnsucht stillen kann.

1.

Dein Auftrag lautet: lieben zu lernen.

Deine Mission heißt: allen Geschöpfen Freude zu künden.

Dein Ziel sei – Gott zu loben und die Menschen zu respektieren.

Lieben heißt: Ja sagen zu sich und zu den Andern.

Lieben heißt bereit sein, zu geben ohne Belohnung, selbstlos und gerne.

Liebe heißt – lieben aus Liebe.

2.

Vergeben und Verzeihen sind die Ecksteine jeder menschlichen Gemeinschaft.

Wer nicht bereit ist, zu verzeihen, rüttelt am eigenen Fundament.

Wer Vergebung verweigert, ruft Unfrieden ins Haus.

Der Vergebende baut mit an der Basis einer glücklichen Welt.

Der Verzeihende steht über den Dingen.

3.

Warum haben es einfache Menschen niemals eilig?

Warum sind die Guten selten in Hast?

Warum werden die Gerechten niemals laut?

Weil Einfachheit keine Hetze zulässt; weil Güte keine Eile verträgt; weil Größe das Tamtam meidet ...

Gottes Wort wächst in der Stille – langsam und bescheiden.

Die Weisen bleiben ruhig, auch wenn Wind und Wellen toben. Die Weisen nehmen beides, Lob und Tadel, in Gelassenheit – ohne Stolz und ohne Hassgefühle. Die Weisen wissen sich stets geborgen in der Hand des All-Weisen.

4.
Warum willst du das Leben enträtseln?
Warum forschst du nach den Geheimnissen der Welt?
Erst im Mysterium wird das Leben lebenswert; erst in der Stille offenbart sich das Wesen; erst im Nicht-Wissen gelangen wir zur Schau.
Zwinge niemanden zur Wahrheit. Nötige niemanden, dich zu lieben. Liebe du zuerst – und man wird auch dich lieben. Lebe die Wahrheit, soweit es dir gelingt, aber nötige sie niemandem auf. Lass wachsen und gedeihen, Weizen neben Unkraut. Und überlasse dem Herrn der Ernte das Worfeln und Sieben.

5.
Was bildest du dir ein?
Deine körperliche Größe ist nicht deine Leistung.
Deine Hautfarbe ist nicht dein Verdienst.
Deine Haare kamen ohne dein Zutun zustande.
Dennoch bist du kein Zufall.
Du bist gewollt und geliebt und du wirst für immer gewollt und geliebt sein – du Gotteskind!

6.
Wer schweigt, hört besser.
Wer sein Herz sprechen lässt, ist des Guten fähig.

Wer sich erinnert, hat Chancen, die Zukunft zu erhellen.
Wer sich bemüht, weise zu werden, erhält die Chance, dem Banalen zu entkommen.
– Nur wer liebt, lebt aus der Fülle.

Manchmal höre ich die Sterne singen; manchmal lausche ich dem Lied des Mondes; manchmal spricht eine Rose zu mir; manchmal lächelt ein Tier mich an; manchmal möchte ich die ganze Welt umarmen; manchmal spricht Gott ganz nah und deutlich; manchmal lass ich mich tragen von der Sehnsucht nach dem Ewigen und Zeitlosen.

7.
Wer sich wandelt, hat Bestand.
Wer sich müht, wird belohnt.
Wer zum Dienen bereit ist, erfährt Freude.
Wer seine Pflicht erfüllt, gibt seinem Leben Sinn.
Wer ein Ziel hat, findet auch einen Weg.
Wer Gott lobpreist, ehrt auch seine Geschöpfe.

8.

Sag Ja zu deinem Leben und zu dir selber – zu deinem Sosein.

Sag Ja zu den Menschen und zur Schöpfung; hilf mit, sie zu bewahren.

Sag Ja zu Gott; er hat dich von Anfang an bejaht.

Ohne sein schaffendes Wort wärst du ein Nichts.

Ohne seine bejahende Liebe verfielst du zu Staub.

Ohne seine allumfassende Sorge gäbe es dich nicht ...


9.

Du bist neugierig auf das, was kommen wird?

Du möchtest mehr wissen über die Zukunft?

Du wüsstest gerne, was morgen sein wird?

Genügt es dir nicht, dass Gott für dich sorgt?

Dass er dich hütet wie seinen Augapfel?

Dass er dich kleidet wie die Lilien des Feldes?

Dass er dich beschützt wie die Sperlinge auf dem Dach?

Warum sorgst du dich um Dinge, die du nicht beeinflussen kannst?

Warum kümmerst du dich stattdessen nicht um den Frieden in der Welt?

Um die Versöhnung der Menschen und Völker?


10.

Gute Erde, du keimst und sprosst – auch ohne unser Zutun.

Du erfüllst uns mit Hoffnung, umgibst uns mit Farben, malst Märchen in Wald und Fluren.

Gute Erde, du ernährst uns, auch wenn wir dich treten;

du sorgst für uns, auch wenn wir dir
Schlimmes antun.
Deine Schönheit liegt wie ein Zauberspruch über der
ganzen Welt.
Deine Kraft lässt knospen und reifen.
Deine Güte beschenkt alle, Gute wie Böse, Gerechte
wie Ungerechte.
Gute Erde, Dank sei dir für deine Wohltaten!


11.

Gott liebt die Zärtlichen; er steht denen bei, die ein-
fühlsam sind; die auch die leisen Töne hören – und die
Worte, die zwischen den Zeilen stehen.
Gott ist ein Gott der Zärtlichkeit.
Er hat jene selig gepriesen, die aufmerksam sind, die
zuhören; die die Fehler der Andern nicht vergrößern;
die keine Steine werfen nach denen, die schuldig wurden.


Gott liebt die Zärtlichen – und die Schwachen und die
Benachteiligten und die Gefallenen.
– Gott ist ein Gott der Liebe.


12.

Am Ende des Tages lege ich alles ab:
Kleider, Gedanken, Pläne und Sorgen.


Am Ende des Tages übergebe ich alles dem Herrn:
Mühen, Beschwerden, Sehnsüchte, Ängste, Traurig-
keit und Schuld.

Am Ende des Tages überdenke ich mein Werk:
Wird es Bestand haben?
Werden andere meinem Weg folgen?
Wurden jene ermutigt, denen ich begegnete?

Am Ende der Tage freue ich mich über die Vielfalt des
Lebens, über das Lachen der Kinder, über das Spru-
deln der Quelle, über Menschen, Tiere und Pflanzen.

Am Ende der Tage, Herr, singe ich dir mein Lied.
Dir sei Ehre und Lobpreis für immer und ewig!

*Adalbert Ludwig Balling*

# Ich bin vergnügt

Ich bin vergnügt
Erlöst
Befreit
Gott nahm in seine Hand
Meine Zeit
Mein Fühlen Denken
Hören Sagen
Mein Triumphieren
Und Verzagen
Das Elend
Und die Zärtlichkeit
Was macht dass ich so fröhlich bin
In meinem kleinen Reich
Ich sing und tanze her und hin
Vom Kindbett bis zur Leich
Was macht dass ich so furchtlos bin
An vielen dunklen Tagen
Es kommt ein Geist in meinen Sinn
Will mich durchs Leben tragen
Was macht dass ich so unbeschwert
Und mich kein Trübsinn hält
Weil mich mein Gott das Lachen lehrt
Wohl über alle Welt.

*Hanns Dieter Husch*

# Hiob und das Parkverbot

Im Anfang war das Benzin und der Vergaser. Dann schuf Gott den Motor und die Karosserie, die Hupe und das Verkehrslicht. Dann betrachtete Er sein Werk und sah, dass es nicht genug war. Darum schuf er noch das Halteverbot und den Verkehrspolizisten. Und als dies alles geschaffen war, stieg Satanas aus der Hölle empor und schuf die Parkplätze.

In der Stadt Tel Aviv lebte ein Mann, der hieß Hiob Grodetzky. Er war ein rechtschaffener Mann, befolgte das Gesetz und tat kein Übel, und mit der Zeit wurden ihm sieben Söhne geboren.

Es betrieb aber dieser Mann Hiob einen Lieferwagen, und betrieb ihn sonder Fehl und Tadel, und lenkte ihn tugendhaft und achtete darauf, niemals eine Geschwindigkeitsgrenze zu überschreiten, nicht in der Stadt noch auf den Überlandstraßen, und fuhr kreuz und quer durch das Land und hinauf und hinab, und immer auf der rechten Bahn, und nicht zu schnell. Und hat kein Verkehrspolizist jemals Hand an ihn gelegt oder ihm ein Strafmandat ausgestellt. Und zahlte dieser Mann Hiob seine Einkommensteuer schon vor dem Fälligkeitstermin, und war der einzige im ganzen Lande, der solches tat.

Es geschah aber eines Tages, dass sich die Schergen der Stadtverwaltung vor dem Bürgermeister versammelten, und gesellte sich Satanas zu ihnen. Und sprach der Bürgermeister, zu Satanas gewandt:

„Kennst du meinen Knecht Grodetzky, welcher ein rechtschaffener Mann ist, der das Gesetz befolgt und kein Übel tut?"

Und Satanas antwortete dem Bürgermeister, und sprach: „Der hat leicht rechtschaffen sein, der Kerl, da du ihn doch mit einer Schutzhecke umgeben hast und keine Versuchung an ihn heranlässest. So du aber deine Hand ausstreckst und ihm Schwierigkeiten in den Weg legst, wird er seine Tugend vergessen und wird dir fluchen, dass es dir in den Ohren gellt." Und schlossen Satanas und der Bürgermeister eine Wette, und sprach der Bürgermeister zu Satanas, und sprach: „Siehe, fortan ist dieser Mann Grodetzky in deiner Hand, und darfst du ihm alles antun, nur keine Gewalt."

Satanas aber nickte und entfernte sich vom Angesicht des Bürgermeisters.

Nicht lange, da erhob sich Hiob Grodetzky am Morgen von seinem Lager, und ging in den Hof seines Hauses, wie er's zu tun pflog an jedem Morgen, um mit seinem Lieferwagen auszufahren. Denn er parkte den Lieferwagen immer und stets im Hof seines Hauses. Denn er wohnte in einer von geparkten Autos überfüllten Geschäftsstraße, und fand keinen andern Platz als seinen Hof, um den Wagen darin zu parken und am Morgen mit ihm auszufahren.

An diesem Morgen aber, als er den Hof betrat, fiel bleicher Schrecken auf ihn, und er erbebte vor dem Anblick des gewaltigen Lastwagens, der da in der Ausfahrt stand und ihm den Weg versperrte.

Und Hiob begann zu rufen und zu hupen, und ging

zu den Inwohnern des Hauses, um nach dem Fahrer des Lastwagens zu fragen, und ging in die umliegenden Häuser und fragte, und wurde ihm weder Antwort noch Fingerzeig. Erst gegen elf Uhr vormittags kam gemessenen Schrittes ein Mann daher, das war Eliphas der Parker, und Hiob schrie ihm entgegen, und schrie:

„Sahest du nicht mit dem Blick deiner Augen, dass hier eine Ausfahrt ist und dass du hier nicht parken kannst?"

„Ich sehe nichts", widerredete ihm der andere, „und ich kann parken, wo ich will."

Und ließ nicht ab zu parken, wo er geparkt hatte, und parkte dortselbst am folgenden Tag und am Mittwoch, und der Mann Hiob konnte zur Nacht den Segen des Schlafes nicht finden aus lauter Furcht, dass am Morgen die Ausfahrt blockiert wäre und seinem Lieferwagen den Weg versperren würde, und brauchte er doch den Lieferwagen, um damit sein Brot zu verdienen. Und sann der Mann Hiob auf Abhilfe, und besann dieses und jenes, und ging in tiefer Nacht vor sein Haus und trat an den falsch geparkten Lastwagen heran und schob ein Blatt Papiers unter den Scheibenwischer, darauf stand geschrieben wie folgt: „Ich warne Dich zum letzten Mal, Du Arschloch, und wird großes Unheil über Dich kommen, so Du noch einmal hier parkest!"

Aber es fruchtete ihm nichts, denn Eliphas der Parker war größer und stärker als er, und überragte ihn um Haupteslänge, und hatte viel Fett an seinem Körper, und unter dem Fett viele Muskeln. Und es wurde aus dem Manne Hiob ein Wrack und ein Schatten seiner selbst und ein Nervenbündel, aber er sündigte nicht und wich nicht vom Pfade der Tugend, und fluchte weder der Stadtverwaltung noch dem Bürgermeister, sondern machte sich auf zur nächsten Polizeistube und erhob Beschwerde wider Eliphas den Parker.

„Da können wir gar nichts machen", antwortete ihm die Polizeistube. „Wir können nur etwas machen, wenn vor dem Ein- und Ausfahrtstor ein amtliches Parkverbotszeichen angebracht ist. Dann können wir etwas machen. Sonst nicht."

Und Hiob war es zufrieden und folgte den Worten des Propheten Jeremiah: „Du sollst Zeichen und Wegweiser aufrichten für die Kinder Israels", und ließ sich nicht Zeit noch Mühe verdrießen, um an sein Ziel zu gelangen. Und ging des Weges zum Magistrat, Abteilung Straßenverkehr, Unterabteilung Verkehrszeichen, und machte eine Eingabe. Und wurde diese Eingabe unverzüglich abgelehnt. Und machte der Mann Hiob eine zweite Eingabe, welche unverzüglich abgelehnt wurde, und eine dritte ebenso, und eine vierte, und ließ nicht locker. Und siehe, es erschienen eines Tages zwei Amtsorgane im Hof seines Hauses, und befanden, dass der Hof sich für Parkzwecke wohl eigne, und bewilligten das Gesuch, und siehe, kaum zwei Jahre später waren rechts und links von der Ein- und Ausfahrt die amtlichen

Tafeln aufgerichtet, und verkündigten einem jeden: „Parken verboten."

Und es brach großer Jubel aus im Hause des Hiob Grodetzky, und freuten sich alle, und schlachteten einen Hammel und tranken vom Wein.

Als aber Hiob Grodetzky am Morgen erwachte und sich vom Lager erhob, um auszufahren mit seinem Lieferwagen durch das Tor, da stand vor dem Tor der große Lastwagen abermals, und versperrte ihm den Weg.

Und entrang sich ein großer Schrei der gequälten Brust des Mannes Grodetzky, und drang er mit aufgehobenen Händen auf den in der Nähe patrouillierenden Verkehrspolizisten ein.

Dieser aber besänftigte ihn, und sprach:

„Ich weiß, Herr, ich weiß. Schreien Sie nicht. Ich habe dem Parksünder bereits ein Strafmandat erteilt."

Es verhielt sich jedoch so, dass in der Zwischenzeit die Zahl der Wagen sich vervielfacht hatte, und mussten die Bürger der überfüllten Stadt jedes freie Plätzchen ausnützen, um ihre Wagen zu parken, und entrichteten sie willig die Buße für Verletzungen des amtlichen Parkverbots.

„Das ist es mir wert", sprach Eliphas der Parker zu Hiob. „Ich lasse es mich gern ein paar Schekel kosten, wenn ich irgendwo parken kann."

Und parkte er fröhlich weiter vor dem Hause des Hiob, und blockierte ihm die Ausfahrt, und zahlte den Bußeschekel.

Und Hiob zerriss sein Gewand, und raufte sich die Haare, und warf sich nieder auf den Boden, und schrie zum Himmel:

„Es leiden die Gerechten, und es frohlocken die Bösen!" Da senkte sich eine Staubwolke herab, und aus der Wolke trat Hiobs Weib und hob zu sprechen an, und sprach:

„Warum liegst du auf dem Boden und heulst? Ich sage dir, was du tun sollst. Du sollst deinen eigenen Lieferwagen des Nachts zwischen den beiden Verbotstafeln parken, und wahrlich, es wird dir fürderhin keiner mehr deinen Platz wegnehmen."

Und Hiob tat, wie ihm geheißen, und nach einem Mond voll Wehklagens und nach vielen kummervoll durchwachten Nächten war endlich der Schlummer ihm wieder beschieden. Und erwachte er freudigen Herzens, und trat hinaus in den Hof, und rieb sich die Augen, gleich als wären sie noch vom Schlafe verklebt, und wollte nicht glauben, was er sah: denn es stak ein Strafmandat unter dem Scheibenwischer seines Wagens.

Als er sich aber vergewissert hatte, dass er nicht träumte, suchte er nach dem nächsten Verkehrspolizisten, und rief ihn an, und rief:

„Warum steckt unter meinem Scheibenwischer ein Strafmandat?"

Der Hüter des Gesetzes wies auf die beiden Verbotstafeln: „Haben Sie keine Augen im Kopf? Was steht hier geschrieben? ‚Parken verboten', nicht?"

Da stimmte Hiob ein großes Gelächter an, und lachte aus vollem Halse, und sprach:

„Hahaha. Diese Verbotstafeln wurden aufgerichtet um meinetwillen, damit ich des Morgens kein Hindernis im Weg habe und ausfahren kann mit meinem Lieferwagen."

„Dann fahren Sie aus", sagte jener, „und parken Sie Ihren Wagen nicht dort, wo das Parken verboten ist."

„Aber es ist ja für mich verboten!"

„Natürlich ist es für Sie verboten. Genau wie für jeden andern."

„Verstehen Sie denn nicht? Diese Verbotstafeln wurden auf mein Betreiben hier angebracht."

„Dann müssen Sie den anderen mit gutem Beispiel vorangehen", sagte der Hüter und entschwand.

Und stak am folgenden Morgen abermals ein Strafmandat unter dem Scheibenwischer des Hiob und am nächsten Morgen wieder, und streute Hiob Asche auf sein Haupt, und schrie zum Himmel, und schrie:

„Was sollen mir diese Zeichen, und warum bringen sie immer neues Elend über mich? Wenn ich im Hof parke, kann ich nicht ausfahren, und wenn ich draußen parke, bekomme ich ein Strafmandat. Verflucht sei der Tag, da ich geboren wurde!"

Fortan war das Leben des Mannes Grodetzky mit nichts anderem ausgefüllt als mit Verbotstafeln und Parkzeichen und Parkverbotstafelzeichen, und verbrachte er seine Tage von früh bis spät auf den zuständigen Behörden, und schrie um Gerechtigkeit.

Und sprachen aber die Behörden wie folgt:

„Es geschieht alles nach Recht und Gesetz. Wir müssen diese Strafmandate ausstellen. Auf den beiden Verbotstafeln steht nichts davon geschrieben, dass der dazwischenliegende Parkplatz Ihnen gehört."

Und Hiob antwortete: „Dann schreiben Sie's hin!"

Und schüttelten die Behörden den Kopf, und sprachen:

„Was fällt Ihnen ein? Nur Mitglieder des diplomatischen Corps und der Regierung haben Anspruch auf einen reservierten Parkplatz in einer Verkehrsstraße. So einer wie Sie muss froh sein, wenn ihm durch amtliche Parkverbotstafeln vor seinem Haus die freie Ein- und Ausfahrt gesichert wird. Übrigens – warum wollen Sie eigentlich draußen parken? Sie haben ja Platz genug in Ihrem Hof."

Da öffnete Hiob den Mund, und holte Atem, und schleuderte wilde Flüche gegen alle, so da standen. Und wurde er mit Buße und Strafe belegt an Ort und Stelle, und wurden ihm seine Fingerabdrücke abgenommen für immer, und flog er hinaus vermittels eines derben Trittes in den Hintern.

Von Stund an entfernte der Mann Hiob an jedem Morgen das Strafmandat von seiner Windschutzscheibe, und warf es zu Boden, und bezahlte es nicht, und wurde in regelmäßigen Ab ständen zur Polizei gerufen, und schuldig gesprochen, und häufte sich das Unglück auf ihn und der Gram auf seine Familie.

Eines Morgens aber trat er wieder auf die Straße hinaus, und siehe, es war da kein Strafmandat auf seinem Lieferwagen, weil da auch kein Lieferwagen war, sondern die Hüter des Gesetzes hatten ihn abgeschleppt, damit er die Einfahrt in den Hof nicht behindere.

Und Hiob wehklagte aufs Neue, und hob die Hände auf, und rief:

„Bin ich denn fühllos wie ein Stein? Sind meine Nerven aus Stahl? Wie lange soll ich der Verkehrspolizei noch erbötig sein, dass sie mit mir schalte und walte nach ihrem Gefallen?"

Und seine Söhne verließen ihn und zerstreuten sich, und sein Weib sprach auf ihn ein, und sprach:

„Siehst du denn nicht, dass Recht und Gesetz deiner spotten? Lass die Verbotstafeln wieder fortnehmen, und du wirst parken können vor der Pforte deines Hauses in Frieden und ohne Strafmandat."

Und zog ein Hoffnungsschimmer in Hiobs Herz, und eilte er zitternden Fußes zum Magistrat, und fiel in den Staub vor den Gewaltigen der Verkehrsabteilung und bat und beschwor sie, die Verbotstafeln zu entfernen.

Die Gewaltigen aber fuhren mit rauher Stimme ihn an, und sprachen:

„Was glauben Sie, wo Sie hier sind? Auf einem Marktplatz? Im Basar? Mit uns können Sie nicht handeln. Erst gestern oder vorgestern wollten Sie die Tafeln vor Ihrem Haus haben, und heute sollen wir sie wieder wegnehmen?"

Und hob sich die Brust des Hiob in schierer Verzweiflung:

„Das war nicht gestern oder vorgestern, o Ihr Gewaltigen. Das ist schon Jahre her."

Und zerdrückten die Gewaltigen je eine Träne und sprachen:

„Mitleidig sind unsere Herzen, aber gebunden sind unsere Hände. Wir können nichts machen. Solange es einen Hof gibt, muss die freie Einfahrt gesichert sein, und solange eine freie Einfahrt gesichert werden muss, werden dort Parkverbotstafeln stehen. Da können wir gar nichts machen."

Satanas – wenn wir jetzt wieder an den Beginn unserer Geschichte anknüpfen dürfen – hatte seine Wette schon längst gewonnen. Was von jetzt an geschah, war nur noch ein Nachspiel:

In einer Neumondnacht fiel einem patrouillierenden Hüter des Gesetzes ein Mann auf, der in der Dunkelheit damit beschäftigt war, den Pfahl einer amtlichen Parkverbotstafel durchzusägen. Der Mann wurde sofort verhaftet, unter Anklage gestellt und wegen böswilliger Beschädigung städtischen Eigentums, schweren Verstoßes gegen die Verkehrsvorschriften und tätlicher Beleidigung von Amtsorganen zu einer ausgiebigen Gefängnisstrafe verurteilt. Nach seiner Entlassung musste Hiob feststellen, dass man ihm in der Zwischenzeit den Lieferwagen gestohlen hatte, aber das half ihm jetzt nichts mehr. Sein Geist blieb getrübt, und er verschwand aus der großen Stadt, und seine Spur verlor sich in der Wüste.

Touristen erzählen, dass er im südlichen Negev umherirrt. Manchmal klingt sein hohles Gelächter schaurig durch die Nacht, manchmal taucht er im Morgendämmer am Horizont auf, wild hupend und fürchterliche Flüche gegen den Bürgermeister von Tel Aviv ausstoßend.

*Ephraim Kishon*

# Von Opti- und Pessimisten

Die Menschheit besteht aus Optimisten und Pessimisten. Aus solchen, die das Leben leicht, und solchen, die es schwer nehmen.

Und unsere Ehe besteht aus Paola und mir.

„Lass uns ins Kino gehen", sagt Paola.

„Gibt eh keinen guten Film", sage ich.

„Bestimmt gibt es einen guten Film", sagt sie, schaut ins Kinoprogramm, sucht einen Film aus, ruft im Kino an, bestellt Karten. Dann fahren wir los, mit dem Auto. Fünfhundert Meter vor dem Kino sehe ich einen Parkplatz, halte an, lege den Rückwärtsgang ein und ...

„Was machst duuuu da?", fragt Paola.

„Parken", sage ich.

„Das Kino ist erst da hinten", sagt sie.

„Aber da hinten, wo das Kino ist finden wir vielleicht keinen Parkplatz", sage ich.

„Entschuldigung, ich soll von hier zu Fuß bis zum Kino latschen?", sagt sie. „Ist es wahr, dass du mir sagen willst, dass ich von hier zu Fuß zum Kino latschen soll?"

„Die paar Meter ...", sage ich. „Was ist dabei?! Ein kleiner Spaziergang."

„Ein Spaziergang, in dieser Gegend!", höhnt sie. „Findest du es nicht furchtbar spießig, selbst so ein kleines Abenteuer, so ein winziges Wagnis zu scheuen wie dieses, dass wir eventuell vor dem Kino keinen Parkplatz finden?"

„Du findest also, dass ich ein mutloser, spießiger Waschlappen bin", sage ich.

„Nein, aber du bist immer so pessimistisch", sagt sie. „Jetzt fahr nach vorn zum Kino, da wird schon ein Parkplatz sein."

„Pessimismus ist angeboren", sage ich, biege aus der Parklücke wieder aus und fahre Richtung Kino. „Dagegen kann man nichts tun. Erst neulich habe ich von einer Harvard-Studie gelesen: Pessimistengehirne schützen nicht genug vor einer bestimmten Anti-Angst-Chemikalie aus, deshalb ist ihr Nervensystem unruhiger, und sie müssen immer das Schlimmste fürchten."

„Ja, aber dann weißt du doch, woher alles kommt, und musst dich nicht sorgen", sagt sie.

„Siehst du", sage ich, „vor dem Kino ist kein Parkplatz."

„Weil wir da vorn so viel Zeit mit deinem Pessimismus vertrödelt haben", sagt Paola.

„Immerhin hätten wir dort parken können", sage ich.

„Jetzt kommen wir wahrscheinlich zu spät, um die Karten abzuholen. Man muss sie eine halbe Stunde vor Filmbeginn abholen."

„Dann steige ich schon mal aus und hole sie, während du einen Parkplatz suchst", sagt sie.

„Ach soooo", sage ich. „Madame lassen sich vorfahren, und ihr spießig-pessimistischer Chauffeurstrottel darf durch die City irren."

„Jetzt hab dich nicht so!", sagt sie. „Wozu bist du ein Mann?"

Sie steigt aus, und ich fahre weiter, biege rechts ab

und links und links und rechts – nirgends eine Parklücke. Komme zu dem Parkplatz von vorhin – da steht nun jemand. Schreie wütend im Auto herum. Fahre weiter und weiter und parke schließlich weit entfernt vom Kino. Gehe eiligen Schrittes zurück. Komme schwitzend an. Vor dem Eingang wartet Paola.

„Ich habe einen Parkplatz gesucht", zische ich.

„Aber hier ist einer", sagt sie und zeigt auf eine Parklücke, die tatsächlich vor dem Kino gerade frei wird.

„Ich bin durch die Stadt gezockelt", sage ich, „weil du den Platz vorhin nicht nehmen wolltest."

„Dass du dich immer so ärgerst", sagt sie, „ist nicht gut für deine Gesundheit." Sie nimmt mich in den Arm und sagt: „Nimm das Leben leichter!"

„Ach ...", sage ich.

*Axel Hacke*

# Gelassenheit

Stets achtete ich die Gelassenheit
für eines der höchsten Güter,
welche der Mensch
auf dieser Erde erringen kann;
aber die Gelassenheit
unter allen Umständen,
die Gelassenheit jedem Wesen
und Dinge gegenüber,
die Gelassenheit in jeder Lage,
sei sie bequem oder unbequem,
drohend oder lächelnd,
gut oder böse.

*Wilhelm Raabe*

# Der Engel der Heiterkeit

Für die frühen Mönche war die hilaritas, die Heiterkeit und innere Klarheit, die Fröhlichkeit und Helligkeit, ein Zeichen für eine stimmige Spiritualität. Wer seine eigene Wahrheit erkannt hat, wer seine Höhen und Tiefen erlebt hat, und wer sich ganz und gar angenommen fühlt, der strahlt solche hilaritas aus. Der geht nicht mehr mit einer finsterernsten Miene durch die Welt. Ihm ist nichts Menschliches mehr fremd. Und er weiß alles geborgen, auch die eigene Schwäche und all die Irrwege des Menschen. Es ist ein Strahlen, das von innen kommt, weil alles in ihm vom heilenden und wärmenden Licht göttlicher Liebe erleuchtet ist. Das deutsche Wort heiter bedeutet von seiner Wurzel her: klar, hell, wolkenlos, leuchtend. Durch den heiteren Menschen scheint ein helles Licht in seine Umgebung. Er vertreibt die Wolken, die die Köpfe der Menschen verdunkeln.

Heiterkeit ist nicht einfach nur eine Charaktereigenschaft, mit der man geboren wird. Sie entsteht durch ein großes Vertrauen, dass man so, wie man ist, bedingungslos angenommen ist, dass alles letztlich gut ist. Und sie entsteht durch den Mut, die eigene Wahrheit anzuschauen. Christen sind überzeugt: Nur wer das Licht Gottes in alle Abgründe seiner Seele eindringen lässt, der kann Heiterkeit ausstrahlen. In ihm gibt es nichts Dunkles mehr, das er verstecken müsste, nichts Abgründiges, vor dem er Angst haben müsste. Er geht sorglos durch die Welt. Das ist kein naiver Optimismus, sondern eine Haltung, die aus der Begegnung mit der Wahrheit kommt. Weil er seiner eigenen Wahrheit ins Auge geschaut hat, braucht er sich den Kopf nicht mehr zu zergrübeln über eventuelle Probleme und Gefahren. Er ist nicht fixiert auf das Dunkle dieser Welt, sondern sieht alles ins göttliche Licht getaucht. Er vertraut, dass dieses Licht, das in seinem Herzen gesiegt hat, sich auch in der Welt durchsetzen wird.

Solche Heiterkeit steckt an. In der Nähe eines heiteren Menschen kann man sich nicht über den Weltuntergang unterhalten. Da kann man sich nicht in einem Jammern über die Zustände dieser Welt ergehen. Der Heitere verschließt die Augen nicht vor der konkreten Situation dieser Welt. Er verdrängt das Dunkle nicht. Aber er sieht alles aus einer anderen Perspektive heraus, letztlich aus einer Perspektive des Geistes, der auch die Finsternis durchschaut, bis er auf den leuchtenden Grund Gottes darin stößt. Er sieht alles aus der Perspektive seines Engels heraus, der die Wirklichkeit dieser Welt so sieht, wie sie ist, der es aber dennoch fertig bringt, sich mit seinen Flügeln über sie zu erheben und sie trotz aller Schwere mit einer inneren Heiterkeit anzuschauen. Einem heiteren Menschen kann man keine Angst einjagen. Er ruht in sich. Und so kann ihn nichts so leicht umwerfen. Wenn Du mit einem so heiteren Menschen sprichst, dann kann sich auch Dein Inneres aufheitern, dann siehst Du auf einmal Dein eigenes Leben und Deine Umgebung mit anderen Augen. Es tut Dir gut, in der Nähe eines heiteren Menschen zu sein. Du weißt, wie niederdrückend Menschen sein können, die alles durch ihre dunkle Brille sehen, die fixiert sind auf das Negative, das sie überall entdecken. Der heitere Mensch hellt Dich auf. Du fühlst Dich auf einmal leicht. So wünsche ich Dir die Begegnung mit vielen Engeln der Heiterkeit. Und ich wünsche Dir, dass Dich der Engel der Heiterkeit innerlich aufhellt und Dich heiter und klar, leuchtend und wolkenlos werden lässt, damit durch Dich die Welt um Dich herum heller und heiterer wird.

*Anselm Grün*

# Richtig auf dem falschen Weg

Khalil drängte zum Aufbruch. „Wir müssen los. Sonst schaffen wir es nicht, vor Einbruch der Dämmerung zu Hause zu sein!" Wir packten unsere Sachen zusammen und machten uns auf den Heimweg.

Heimweg! Zuhause! Ich musste lächeln. Khalil nannte unsere Bucht mit unseren selbstgebauten Hütten tatsächlich unser Zuhause. Aber irgendwie kam es mir doch seltsam vor. Sollte ich in den wenigen Tagen, die ich nun schon auf der Insel war, wirklich von meinem „Zuhause" sprechen? Schweigend stiegen wir die Serpentinen hinab. Der rote Sand knirschte unter meinen Füßen und die schwüle Luft ließ den Schweiß auf meiner Stirn perlen. Wir waren schon über eine Stunde gelaufen, als Khalil an einer Weggabelung nach links abbog. Ich protestierte: „Aber wir kamen doch von rechts!"

„Nein, nein!" Khalil schüttelte den Kopf. „Du irrst dich! Ich bin mir da ganz sicher! Wir kamen von links!"

Khalil möchte vielleicht ein guter Lebensnavigator, ein weiser und kluger Mann sein – aber in Sachen Orientierung machte mir keiner etwas vor. Darin war ich ein Meister. Mit meinen Kindern hatte ich im Urlaub in fremden Städten oft ein Spiel gespielt. Sie bekamen einen Stadtplan 66 67 und durften mich über viele Umwege an einen von ihnen ausgewählten Ort führen. Ich musste dann ohne Plan und ohne nach dem Weg zu fragen zu unserer Unterkunft zurückfinden.

Gewann ich, spülten unsere Kinder am nächsten Tag das Geschirr in unserer Ferienwohnung. Gewannen meine Kinder, bekamen sie eine große Portion Eis. Auf diese Weise hatten meine Frau und ich im Urlaub sehr wenig Küchendienst. Ich musste schmunzeln.

„Khalil", sagte ich mit selbstbewusster Stimme und einer gekonnt inszenierten Unschuldsmiene, „wollen wir ein Spiel spielen?"

Ich wusste, dass Khalil meinen Vorschlag nicht ablehnen würde. Er war es gewohnt, Lehrer zu sein. Mein Meister und auch der vieler anderer, vor mir und nach mir. Er ging wahrscheinlich grundsätzlich davon aus, im Recht zu sein. Außerdem war er schon deutlich länger auf dieser Insel als ich. Aber gerade weil er sich seiner Sache so sicher war, wollte ich ihm heute einen kleinen, aber feinen Fallstrick drehen.

„Gern!", antwortete er. „Ich spiele sehr gerne Spiele!"
Khalil hatte angebissen.

„Gut, pass auf!", sagte ich. „Jeder geht nun den Weg, den er für richtig hält. Wenn wir uns dann am Fuße des Berges wieder treffen – vorausgesetzt, dich haben bis dahin keine wilden Tiere aufgefressen –, werden wir wissen, welcher Weg der richtige war. Derjenige, der Recht hat, muss dann eine Woche lang kein Feuerholz holen. Einverstanden?"

Ich hielt ihm die Hand hin, Khalil schlug wortlos ein. Wir verabschiedeten uns voneinander, und jeder ging in die Richtung, die er für die richtige hielt.

Siegessicher stapfte ich los. Ich genoss die Natur und erkannte auch schon bald einige wichtige Orientierungspunkte wieder, die ich mir bei unserem Anstieg eingeprägt hatte. Mit jedem Baum, jeder Biegung, jeder Abzweigung wurde ich siegessicherer.

Ich triumphierte.

„Mein Gott, du armer Khalil!", dachte ich laut und musste vor Mitleid grinsen. „Du wirst nicht nur viel zu spät an unserem verabredeten Ort ankommen, sondern auch noch die ganze nächste Woche im Schweiße deines Angesichts das Feuerholz alleine anschleppen müssen. Viel Spaß dabei!" Pfeifend trabte ich durch das Unterholz und konnte schon von Weitem das Meer sehen. Es würde nicht mehr lange dauern, bis ich den breiten Weg erreichte, auf dem es dann nur noch wenige Meter bis zu unserem verabredeten Ort sein würden.

Ich bog um die Ecke. Doch anstelle eines Weges stand ich plötzlich vor einem großen Abgrund. Das konnte doch nicht sein?! Eigentlich wusste ich genau, wo ich

war. Oder doch nicht? Sollte ich mich tatsächlich verlaufen haben?

„Was soll's?", dachte ich. „Auf die andere Seite des Grabens werde ich es wohl locker schaffen!" Ich nahm Anlauf und sprang. Zwar landete ich auf der anderen Seite, verstauchte mir dabei aber meinen Knöchel. Ich schrie auf, fasste an die schmerzende Stelle – durfte jetzt aber keine Schwäche zeigen. Wenn ich nicht gleich weiterging, würde ich wertvolle Zeit verlieren und erst nach Khalil am Ziel eintreffen. Ich humpelte los. Endlich sah ich den verabredeten Treffpunkt vor mir liegen und war erleichtert. Khalil war offenbar auch noch nicht da. Nur noch wenige Meter, dann war ich am Ziel. In diesem Moment hörte ich ein wehleidiges Stöhnen. Die Hecke hinter mir öffnete sich einen Spalt breit und Khalil stolperte heraus. Ich musste mir trotz der Schmerzen ein Lachen verkneifen. Der alte Mann sah aus wie ein kleiner Junge, der sich mit einer ganzen Armee Gleichaltriger geprügelt hatte. Er war von oben bis unten von Dornen zerkratzt. Seine Haut glich einem Schlachtfeld.

„Aber ich bin da!", sagte Khalil – wie immer mehr als selbstbewusst. Nervensäge!

Schweigend gaben wir uns anerkennend die Hand und gingen wortlos weiter. Khalil trottete missmutig vor mir und ich humpelte hinterher. Nach einigen hundert Metern blieb er stehen und sah mir tief in die Augen.

„Und? Welcher Weg war nun der richtige? Deiner – oder meiner?"

„Ralsch", sagte ich lachend und blieb stehen. Mein Fuß schmerzte höllisch. Siegesgewiss hob ich dennoch die Arme über meinen Kopf. „Deiner war nicht richtiger als meiner und umgekehrt. Beide Wege waren richtig, weil sie gegangen wurden. Jeder musste seine eigene Entscheidung treffen. Wären wir nicht losgegangen, wären wir vielleicht unverletzt geblieben, aber hätten dann auf dem Berg übernachten müssen. Ohne Feuer und Schutz, den wilden Tieren und der Kälte ausgeliefert, wäre das unser sicheres Todesurteil gewesen!"

„Du bist klug!", sagte Khalil anerkennend. „Du lernst schnell! Genauso ist es auch mit deinem Lebensweg. Dein Gestern bestimmt dein Heute. Jeder Mensch hat seine eigene Geschichte, jeder seinen eigenen Weg zu gehen. Es gibt nicht den perfekten, den einzig wahren Weg. Der Weg wird erst dann zu deinem Weg, wenn du ihn gehst." Ich fand, Khalil hatte recht. Jeder Mensch machte eigene Erfahrungen auf seinem Weg. Jeder hatte mit seinen ganz persönlichen Lebensthemen und Problemen zu kämpfen. Nur wenn ich lernen würde, einem Menschen zuzuhören, könnte ich auch verstehen, warum er so denkt, lebt, redet und handelt, wie er es eben tut. Wie ein Blitz durchfuhr mich ein Gedanke: Das galt auch für mich, mit meiner Schuld und meinem Scheitern. Auch in meinem Leben gab es mehr als eine Sicht auf die Dinge. Die Last, die ich mit mir herumtrug, bestand nicht nur aus dem, was ich falsch gemacht hatte, aus meiner Schuld. Auch andere waren an mir schuldig geworden. Das alles schleppte ich nun schon seit Langem mit mir herum. Mein Blick verlor sich in der Ferne. Zwischen den Pinienstämmen konnte ich das Meer tiefblau schimmern sehen ...

Khalil forderte mich heraus, zwang mich geradezu, mich mit mir auseinanderzusetzen. Ich merkte, wie ich ganz langsam begann, mein Versagen, mein Scheitern, meine ganze Lebensgeschichte neu zu verstehen. Und plötzlich konnte ich auch meine Fähigkeiten, also das, was ich gut konnte, in einem ganz neuen Licht sehen. Ich erzählte Khalil von meinen Gedanken. Und fügte erleichtert an: „Das entlastet mich sehr. Ich glaube, ich habe den Schatz gefunden!"

„Ralsch!" Diesmal hob Khalil triumphierend die Arme. „Deine Erkenntnis ist nur ein Teil des Schatzes. Ein wichtiger Hinweis – nicht mehr und nicht weniger. Du weißt nun, dass du dich in der Rückschau auf deinen Lebensweg besser verstehen lernen kannst. Es ist wichtig zu wissen, woher man kommt, wenn man den weiteren Weg in den Blick nehmen will. Aber es entschuldigt noch lange nicht deine Taten. Für das, was war, und für das, was kommt, musst du selbst die Verantwortung übernehmen."

Schweigend liefen wir weiter. Der Wald wurde immer dichter, wenig Licht drang nun von oben auf uns herab. Der schmale Berggrat weitete sich zu einem immer breiter werdenden Weg und so kamen wir voran. Ich fand das Leben unfair. Wie sollte man es schaffen, jeden Menschen gleich und gerecht zu beurteilen – obwohl doch jeder seine eigene Geschichte hatte?

„Das ist trotzdem alles sehr seltsam!", maulte ich laut vor mich hin und kickte mit meinen Füßen einen Stein, der unbeabsichtigt Khalil traf. Doch der Alte schien meinen ungewollten Angriff geduldig zu ignorieren. Wir setzten unseren Abstieg ins Tal fort. Weit über die Hälfte des Weges hatten wir nun schon geschafft. Ich atmete gleichmäßig, versuchte, meine Gedanken mit dem Rhythmus meiner Schritte fließen zu lassen. Doch die Beine wurden mit jedem Schritt schwerer und auch mein Kopf war von dem vielen angestrengten Nachdenken müde geworden. Wie herrlich würde es sein, heute Abend wieder auf meine Bastmatte fallen zu können! Dieser Gedanke trieb mich an und gab mir neuen Schwung für das letzte Stück unseres Weges.

*Andi Weiss*

# Quellenverzeichnis

**Texte**

Adalbert Ludwig Balling, Hoffen heißt in die Zukunft träumen © Alle Rechte beim Autor

Heinrich Böll, Anekdote zur Senkung der Arbeitsmoral, aus: „Heinrich Böll. Werke. Kölner Ausgabe. Bd. 12. 1959-1963", Herausgegeben von Robert C. Conrad © 2008, Verlag Kiepenheuer & Witsch GmbH & Co. KG, Köln

Phil Bosmans, „Glück", aus: Dems., Applaus für das Leben. Übersetzt von Ulrich Schütz © Verlag Herder GmbH, Freiburg i. Br. 2007, S. 30f

Anselm Grün, Zeiten des Innehaltens, Entnommen aus: Anselm Grün: Zeiten des Innehaltens © Vier-Türme-Verlag GmbH, Verlag, Münsterschwarzach

Anselm Grün, „Der Engel der Heiterkeit" aus: Dems., 50 Engel für das Jahr. Ein Inspirationsbuch © Verlag Herder GmbH, Freiburg i. Br. 2011, S. 10ff

Axel Hacke, Von Opti- und Pessimisten, Entnommen aus: Axel Hacke, Das Beste aus meinem Leben © Verlag Antje Kunstmann GmbH, München 2003

Brigitte Hauth, „Glück auf Umwegen", entnommen aus: aus Brigitte Hauth, Spuren, die unser Leben schreibt © 2013 Verlag mediaKern, Wesel

Hanns Dieter Hüsch: Alltagsglück (1-9), aus: Hanns Dieter Hüsch/Uwe Seidel, Das kleine Buch zum Glück, Seite 16f,20, 2015/7 © tvd-Verlag Düsseldorf, 2001

Hanns Dieter Hüsch: Zum Glück weitsichtig, aus: Hanns Dieter Hüsch/Uwe Seidel, Das kleine Buch zum Glück, Seite 18, 2015/7 © tvd-Verlag Düsseldorf, 2001

Hanns Dieter Hüsch: Ich bin vergnügt (Psalm), aus: Hanns Dieter Hüsch/Uwe Seidel, Ich stehe unter Gottes Schutz, Seite 140, 2016/15 © tvd-Verlag Düsseldorf, 1996

Peter Paul Kaspar, Zufrieden sein, aus: Peter Paul Kaspar, Was uns leben lässt, Lahn-Verlag 1974 © Alle Rechte beim Autor

Erich Kästner, Eine kleine Sonntagspredigt, aus: Erich Kästner, Der tägliche Kram. © Atrium Verlag, Zürich 1948 und Thomas Kästner

Ephraim Kishon, Hiob und das Parkverbot, Mit freundlicher Genehmigung der Herbig Verlagsbuchhandlung, Stuttgart, aus: Ephraim Kishon, Salomons Urteil - zweite Instanz © 1972 by LangenMüller in der F.A. Herbig Verlagsbuchhandlung GmbH, München

Heinrich von Knorre, Gedanken zur Muße, aus: Urlaub währt am längsten. Die schönsten Geschichten von Sonne, Meer und freier Zeit,

Bibliografische Information der Deutschen Nationalbibliothek
Die Deutsche Nationalbibliothek verzeichnet diese Publikation
in der Deutschen Nationalbibliografie; detaillierte bibliografische Daten
sind im Internet über http://dnb.d-nb.de abrufbar.

**Besuchen Sie uns im Internet:**
**www.st-benno.de**

Gern informieren wir Sie unverbindlich und aktuell auch in unserem
Newsletter zum Verlagsprogramm, zu Neuerscheinungen und
Aktionen. Einfach anmelden unter www.st-benno.de

ISBN 978-3-7462-5155-4

© St. Benno Verlag GmbH, Leipzig
Zusammenstellung: Volker Bauch, Leipzig
Covergestaltung: Rungwerth Design, Düsseldorf
Gesamtherstellung: Kontext, Lemsel (A)